박부도김

바보의 후회

도서출판 국보

박부도김

바보의 후회

책을 내면서

지금까지의 인생, 오로지 전진만 알고 나아가는 것만이 가장 큰 인생의 보람이자 삶의 목표로 알았다.

허나, 어떤 계기로 내 인생을 다시 돌아보게 되었다.

내가 굳건하다고 믿었던 나의 성이 모래의 성이었고 형제의 관계가 원수의 관계로 되었으며 탄탄한 줄 알았던 와이프와의 사이나 자식과의 관계도 언제 무너질지 모르는 위험한 관계가 되었으며 가족 중에서 유일하게 유머가 통했던 아버지도 당신의 삶을 마감 하셨다.

지금까지 건방지게 지나온 세월을 돌이켜 보면 모든 분들에게 죄송하다. 많은 사람들 앞에서 적은 잘남이나 지식으로 건방을 떨었던 자신이 죄송하다.

이제는 앞으로의 세월을 좀 더 낮은 자세로 겸허함 속에서, 조금 더 하늘을 자주 보면서 나의 인생의 후반기를 만들어가야 함을 절실히 느끼면서 깊이 깨우친다.

사람의 인생은 언제나 배운다는 것 아닌가?

이제 깨우침의 시간이 나에게 왔기에 그래도 아직은 많은 세월의 시간이 남아 있는 나이기에…….

좀 더 많은 것을 보고 느끼고 깨달음을 얻고 인생의 전반부와는 다른 후반의 인생을 보내려 하고 있다.

어떤 삶이 내가 만족할 수 있는 삶이며 어떤 인생이 나의 주변에 따뜻한 빛이 되는 인생인가를 생각하며 살려고 한다.

지금까지의 인생, 되돌아보면 어느 부분은 정말 바보처럼 살았음에 가슴이 아파 온다.

하기에 이 책의 제목을 '바보의 후회'로 했다.

정말 바보 같은 인생이었다.

그렇지만 앞으로는 후회가 적은 인생을 살려고 많은 노력을 하고 넓은 마음과 따뜻함을 가진 인간으로 살려고 다짐하면서 나는 가끔 먼 하늘을 본다.

많은 사람들에게 고맙고 감사하는 삶을 살 생각으로 이 책을 낸다.

2012년 7월의 뜨거운 여름날에

박부도김

Contents

1장
바보의 후회

책을 내면서

바보의 후회	14
진정한 나의 꽃	16
보물섬_[해져 선장의 상과 필자]	18
아직도 못 버린 꿈	22
자전거	25
이런 개 같은 경우가	27
갑자기 비 오는 강변	29
아버지 임종을 지키며	31
아버지를 정토사에 모시고 나서	33
시련	34
이사	36
귀신을 잡는다는 친구	38
빛이여, 다시 한 번 그에게	41
문병 가는 소풍_[문병 가는 길, 휴게소에서 처와 고모]	42
이른 봄날에 찾아간 고향	46
나는 무엇인가?	48
나, 다시 태어나도	51

Contents

2장
보내는 마음

참는다는 것	54
이별에 관하여	56
이별을 생각하는 겨울의 밤	59
빵 먹는 아침	60
난관을 헤쳐 가며	62
비 오는 부산역에서 잠시 여유를	64
겨울이 이길 수 없는 것은	67
할머니 제사	69
아들을 보고 웃었다	71
보내는 마음_시	74
감정의 기복	76
옛 친구_시	78
잔잔한 눈 내리는 밤	80
기쁘게 먹은 점심	82
신년 모임과 나의 행복	85
대단한 여인	88
그 사나이, 지금은	93

Contents

3장
행복의 향기

'겨울 밤하늘의 별빛' _시	98
삶의 큰 행복	100
행복의 향기	102
새해 첫 날과 돼지국밥	105
적은 규모의 사업을 하는 자의 비애	109
내가 스승을 할 때인가!	112
연극을 본 후 나와 아들을 보고 느낀다	114
후회 없는 삶의 시간 중의 하나	117
칼바람 소리 들리던 밤에	119
사주는 밥 맛있게 먹어주는 것 또한 공덕이리라	122
한계	123
남강을 거닐며 아쉬움에 가슴 아파한다	125
앙상한 어린 느티나무를 보며	128
황산벌과 계백 장군의 묘소를 찾아서 걷는다 _[계백 장군 영정을 모신 사당]	130
무엇인가가 그리운 밤에	133
인간의 봄 날	135
내 운명의 바다	137
행복한 사나이 아닌가!	139

4장

어떤 선택

사람의 그릇	142
나의 열렬한 팬에 기뻐하며	144
계족 산성에 서서 세상을 생각하다	147
적은 일에 열 받다	150
어떤 선택	153
부산의 바다	156
은행잎_[수령이 800년 이상이라는 은행나무]	158
그 향 돌아서니 없어라_시 [강경의 강]	161
무심한, 무정한 한국 사람들	164
자연의 아름다움 내 가슴에 쌓인다	167
크는 사람과 못 크는 사람	170
충주호	173
공포의 모기를 퇴치하는 길은	175
성명학	178
두 마리 토끼	181

Contents

5장
인생은 눈치 보기

목표_인생의 살만한 가치	184
평생 동지	186
부산	189
홍시와 단풍	192
아름다운 집	194
인생은 '눈치 보기'	197
좋은 날씨의 밤에	200
누가 이 여인을 모르시나요?	206
깊은 숨 들이키며_시	208
한강은 조용히 흐르고 있더라	211
예식장 가는 길	213
공짜로 하는 온천물의 족욕	217
술 사주는 하루로	219
나의 후회_일본의원이 오면 공항에서 되돌아 가게 하라	221
빙판길에 7번 넘어지다	224
새해 첫 날, 숲길을 걸으며	226
인생, 좆도 아녀	231

Contents

6장
여 행

자유로움을 향한 모자	234
마음의 자세	236
아, 그리워라! 나의 충신이여	239
나는 울었네	241
2%를 찾아서	244
보신탕	246
마창대교를 보면서 멋쩍게 웃어본다	249
바보같은 사나이	251
봄 날 같은 겨울 날에 땀 좀 내다	254
바닷가 호텔에서	257
아침에	259
그래도 좋은 날_고향 · 개고기, 죽다가 살다	261
나의 봄 날은 간다	265
섬	268
사주 잘 보는 대단한 사람	270
장마, 나도 인간이지	273
소쩍새 우는 밤	276
수달에게 경고함	278
자유인되어 오는 봄 그려본다	280
일회용 사랑은	282
남자는 다 쥑일 놈이라는 그녀	284

Contents

7장
잠 못 이루는 밤
• 부록_단편소설: 안녕! 내 사랑아!

자빠트리면 백만원	288
이 밤의 향기	291
잠 못 이루는 밤	292
한국으로 피난오는 일본인을 열렬히 환영하고 위로하자	295
서울역에서 남녀 평등을 느끼다	298
나는 나쁜 놈인가?!	301
인간이 좋다	304
나를 일곱 번 버린 사나이	306
노무현 3주년 추모식에서	309
나를 찾는 자와 버리는 자	312
아가씨들이 무서워	315
서울이 좋다지만 나는 야 싫어	317
사람이 필요하다	320
그렇게 새벽의 시간이 흐른다	323
한가로운 날	325
나쁜 인간들! 신이 너희들을 혼낼 것이다! 필히!	327
땀을 비오듯 흘리다	329
미운 여인 같은 여름을 보내며	332
같이 술 한잔 할 분 오시라	334
부록_단편소설: 안녕! 내 사랑아!	337

제 1 장

바보의
　　후회

바보의 후회

나 자신, 나에게 미안함을 느낀다.

머리에 든 것이 쥐뿔도 없으면서 잘난 척을 했고 아는 것도 별로 없으면서 많이 아는 척을 했고 너무 적은 역량을 갖고 있으면서 많은 역량을 가진 인물인 냥 굴었으며 바보스러운 인물이 남 앞에서 똑똑한 척 굴었으니…….

또 별로 행복하지도 않으면서 많이 행복한 척했고 여인을 잘 알지도 못하면서 통달한 척했고, 인간의 내면을 모르면서 잘 아는 척했고 등에 칼이 꽂히는 줄 모르고 바보처럼 웃었으며 한 치 사람의 마음을 모르면서 웃다가 바보가 되기도 했으며 조상의 은혜가 무엇인지도 모르면서 조상의 은혜를 이야기했으며 신이 무엇인지도 모르면서 신을 논하기도 했다.

특히 자기가 바보인 줄도 모르면서 똑똑한 체하는 웃음을 웃고 다녔으며 자신을 돌아봄에 약하면서 진리를 추구했으며 작은 인간이면서 큰 인간인 줄 알고 행동했으니……. 모든 것을 생각할 때 나를 아는

모든 사람에게 진정으로 사과하고 미안함을 표하고 싶다.

나는 많이 모자란 바보 같은 놈이면서 백치의 머리로 말하고 행동했음을 나를 아는 많은 분에게 사과하고 큰절을 하고 싶다.

나는 많이 모자란 자로서 감히 건방지게 여러분에게 모자란 바보 같은 행동을 한 것을 정말 죄송하게 생각하며 앞으로 나를 좀 더 단련하고 연마해서 이 모자람, 바보 같음을 벗어나 현명한 인간으로 살아갈 것을 나를 아는 모든 분에게 약속드립니다.

"아! 나는,
어느 면으로는 정말 바보처럼 살았습니다."

진정한 나의 꽃

세월은 간다.

즐거웠던 시간이나 괴로웠던 시간이나 잊고 싶은 시간이나 안고 가고픈 시간이나, 세월이란 흐르는 물처럼 시간을 안고 흐른다.

봄의 꽃도 꽃이 피기 시작하면 짧은 시간의 흐름 속에 지고, 지는 꽃이 서럽다 느껴질 때는 또 그 뒤를 이어주는 새로운 꽃이 핀다. 무릇, 살아있는 것은 시간의 강물 속에 다 흐른다. 흐르지 않고 변하지 않는 것이 무엇이란 말인가! 알리기 싫은 사연도, 가슴에 묻고 싶은 인연도, 나만의 가슴에 넣고 그 상처를 쓰다듬고 핥고 싶은 시간의 뒤안길의 잔재도……. 모두의 시간과 같이 흐른다. 내 가슴의 상처가 1kg 무게라면 다른 사람 상처의 무게 1kg과 무엇이 다를까? 같은 상처는 같은 괴로움이리라. 단, 사람에 따라 닥쳐왔던 고통의 방향이나 그에게 주었던 무게 중심의 차이였으리라. 간혹, 생각한다. 나에게 오는 상처의 무게가 '내가 감당하기 어려운 무게 인가?'를.

아니라 본다. 내가 감당을 할 수 있는 어려움 즉 한번 넘으면 나의 역량이 더 커질 수 있는……. 필히 넘겨야 하는 시련, 아니면 신께서

나에게 새로운 각도의 더 멋지고 아름다운 시간의 인연을 주기 위하여 운명의 시간의 흐름을 나에게 주는 것 같다. 왜? 인간에게는 잔잔한 호수의 물처럼 고요를 느낄 수 있는 평온을 주지 않고 격랑과 위험이 부딪치는 물결과 공포를 주어 즐기든 말든 앞으로만 나가야 하며 간혹은 만나는 잔잔한 물결의 흐름이 반복되는 래프팅 같은 시간이란 말인가. 봄꽃은 피었다 지고 뒤이어 몇 번의 꽃들이 이어서 피고 진다.
  아!
  나는 어느 꽃을 보고 즐거워야 한단 말인가?
  진정한 나의 꽃은!
  무엇일까?

보물섬
[해적 선장의 상과 필자]

한가한 시간에 계룡산을 걷다 우연히 들린 카페에서 차를 한잔하고 나가다 재미있는 모양의 상이 있기에 가 보았다.

어린 시절 추억이 떠오른다.

아주 어린 시절에 외삼촌 집에 놀러 갔다가 고등학교에 다니던 외사촌 형의 방에서 보물섬이란 책을 발견하고 방에 몇 시간 동안 틀어박혀서 모두 읽고 난 후, 그 책의 감동을 자아내는 내용에 푹 빠져있던 기억이 있다. 어린 마음에도 보물섬이라는 책의 진한 출렁이는 감동의 물결은 보물이 있고 해적이 있는 먼 바다의 모험을 항시 상상하고 해적선의 해골을 그린 깃발을 단 해적선을 탄 나를 그리며, 나만의 모험의 세계를 그리고 그 속에서 상상의 나래를 마음껏 펼치게 했다.

그 뒤로도 그 강력한 보물섬의 내용이 항시 내 가슴에 있었다.

그중에서 항시 주인공의 모습도 많이 그려 보았지만, 외다리에 외팔에 어깨에 앵무새를 올리고 있는 해적의 선장, 존 실버의 강렬한 모습을 많이 상상했다.

내가 상상하는 해적의 선장은 외다리에 외팔 그리고 애꾸눈에 팁수

룩한 수염을 갖춘 모습 외에 다른 인물은 상상할 수 없도록 8살의 어린 마음에 꽉 박혔었다.

초등학교 시절에 친구들을 꾀여서 강변의 배를 한 척 남모르게 타고 바다로 나가 보물섬을 찾으러 가자고 몇 명을 모아 냄비에다 쌀 김치까지 준비해서 모험을 하려다 그 중 한 친구의 밀고로 미수에 그친 전적이 있을 정도로 무한한 바다와 그 안에 보물을 갖고 있는 보물섬의 모습이 어디선지 나를 부르는 것 같아서 끝없이 상상의 나래를 펴 보기도 했다.

그리고 초등학교 하교시 책을 쌌던 보자기의 책을 내려놓고 복면을 하고, "내가 해적의 선장이다!" 하며 나무 작대기를 칼로 삼아서 친구들과 했던 해적 놀이에 빠지곤 했었다.

고향이 강가였기에 강의 둑에 서서 강을 타고 바다에서 들어오는 어선을 보며 '어떻게 저 배를 타고 나가 바다의 어느 곳인가에 있을 보물섬을 찾을까?' 하는 생각을 골똘히도 여러 번 했었다.

그리고 마음의 한편에는 '왜? 어른들은 보물섬에 있는 무진장한 보물을 찾지 않고 물고기만 잡을까?' 하는 보물은 찾지 않는 어른들의 바보스러움에 고개도 갸우뚱 했었다. 그때 어린 시절 마음에는 바다에는 꼭 해적들이 숨겨 놓은 많은 보물이 있는 보물섬이 있었던 것 같았다.

오랜 세월의 흐름 속에 어린 날의 모든 꿈은 다 잃어버렸지만…….

오늘 무심히 보는 해적 선장의 상에 다시 마음의 바다 저편에 있는 보물섬을 떠올리며 '내 안에 있는 보물섬을 찾아!' 보물을 찾아 충실한 부하로 실버 해적선장으로 스스로를 임명했다.
 무한한 마음의 바다에서 보물을 찾아오는 모험의 여행을 그리며 웃어본다.
 내 마음의 바다에 있는 보물섬의 여행…….
 다시 피를 끓이며 모험의 여행을 가리라.

아직도 못 버린 꿈

사람의 인연이란 참으로 불가사의함이 있다.

지금까지의 어떤 인연의 고리가 하나도 없음에도 잠시 만나 이야기를 조금 했다고 자신의 집으로 초대해서 선선히 안방을 비워주며 "편히 자게."해주고, 아침을 먹고 앞으로 간혹 만나 차나 술을 한잔하자고 하면서 앞날을 기약하고 즐겁게 헤어졌으니…….

사람이 살다 보면 많은 인연과 만나게 되고 그 인연 속엔 슬픔과 기쁨이 있고, 인연에 따라서 간혹 우리의 운명까지 달라지지만, 인간이기에 서로 만남의 시간이 길고 짧음을 떠나 잠깐의 시간이라도 마음이 가는 인연과 없는 인연이 있다고 할 것이다.

어제의 만남은 나에겐 참으로 좋은 인연이었던 것 같다.

서로가 각자 하고 있는 일을 떠나 삼자의 소개로 우연히 만났고, 악수한 뒤 몇 분 만에 '아! 괜찮은 사람이구나.' 라는 느낌이 들었고, 한동안의 대화 뒤에 저녁과 술을 한잔하면서 "자신은 도시에서 몇 년 안에 고향으로 귀향하려고 준비하고 있으며, 어떤 곳에 여행을 갔다가 너무 멋있게 보이는 한옥이 있어서 사진을 많이 찍어 온 다음 그 집을

그대로 재연한 자신의 한옥이 있다."며 구경을 가잔다. 우리는 저녁을 먹은 후 그 한옥으로 함께 갔다.

　많은 사람의 손길이 간 곳임을 느낄 수 있었으나, 우리가 흔히 말하는 무엇인지 2%가 모자라는 것 같은 느낌을 받았다. 그가 말하기를 "꽤 돈을 들여 지은 집이지만, 어머니를 사시게 하고 자신은 일주일에 한두 번 와서 이곳 저곳을 손본다."고 한다. 우리가 하는 보통의 일은 주인이 있는 것과 없는 것은 하늘과 땅처럼 대부분 모든 것이 달라진다.

　흥할 일도 주인이 없으면 망하는 경우도 많고, 망할 도리밖에 없지만 주인의 피눈물 나는 노력 때문에 다시 기적처럼 부활이 되는 업도 많다. 자신이 귀향하면 많은 것을 바꿀 수 있단다. 충분히 그러할 것을 느낄 수 있었다.

　자신이 이용하는 "안방을 쓰라."고 강권하시기에 나는 정중히 사양

했으나 그것이 자신에게 좋단다. 기분 좋게 받아들여 안방에서 한옥의 깊으면서 짙은 그윽한 무게와 향 그리고 지리산에서 내려오는 흙냄새 같은 산의 느낌이 있는 밤의 고요한 향도 맛보고, 섬진강의 바람에 실려 오는 물의 이야기도 어렴풋이 듣고, 느끼며 참으로 편하게 잠을 잤다.

아침에 정성을 다해 만든 깻가루에 고사리를 넣은 탕과 봄의 냄새가 물씬 풍기는 엄나물, 두릅나물, 취나물을 맛있게 먹고 헤어졌다.

차를 타고 오면서 무엇인지 인생의 빚을 진 기분을 느꼈다. 그 빚을 어떻게 갚아야할지를 생각했다. 앞으로 서로의 시간이 맞으면 기분 좋게 같이 시간을 보내고, 대화를 즐길 수 있는 사람 하나가 생겨 난 것이 흐뭇하다. 이런 것 하나하나가 나의 앞날에 큰 재산이 아닌가 싶다.

인간의 큰 행복 대부분은 인간의 관계에 있다고 본다. 인간을 만나 많은 상처도 받았고, 너무 가슴 아픈 배신도 받아 보았지마는……. 그래도 인간이 미워지는 것보다는 항시 더 좋은 인연을 바라고 기다림은 나의 소망이요 기원이다.

나를 잘 아는 사람은 간혹 묻는다.

"아직도 누군가를 기다리는 그 꿈을 버리지 못했느냐?"

나는 말한다.

"내 인생 끝날 때까지는 그 인연에 대한 그 꿈은 버릴 수 없다고!"

오늘도 그 인연의 꿈이 가슴에 있어 간혹 마음을 타게하는 갈증으로 가슴 아프게 나타나지만, 무정한 세월을 덧없이 보낼 도리밖에 없는 섭섭함은 누구에겐들 없겠는가. 그것은 마치 가슴속 깊은 곳에 서러움이 담긴 애틋한 마음으로 땅 위에 떨어져 뒹구는 봄날의 꽃잎처럼 쌓여만 간다.

자전거

나는 어떤 틀 속에 있는 것보다는 자유로움을 좋아한다.

자전거를 타더라도 안전을 위해 규격화된 헬멧이나 복장을 하고 무리로 타는 것보다는, 복장도 자유롭고 행동도 자유로울 수 있는 상태로 타기를 좋아한다.

어느 운동 서클이나 동우회에 들어가면 공동의 모임이라 그런지 그 단체 나름의 규정과 틀 그리고 행동의 통제가 따른다. 나는 그런 규칙이나 통제가 부담스럽다.

인간은 사회적 동물이지만 한편으론 자유를 누리고자 하는 속성이 있다. 사람이 산다는 것은, 하나의 거대한 사회의 틀에서 법의 테두리 안에서 산다고 할 수 있다. 그러나 나에게 주어지는 자유의 시간에서는 적게나마 자유스러움을 느끼고 행동하는 것을 나는 좋아한다.

마음껏 페달을 밟아 속도도 낼 수 있고,

마음 가는 곳에 자유롭게 멈추어 즐길 수 있고,

자전거에서 내려 걸을 수도 있고,

가고 싶은 곳도 마음대로 갈 수 있고,

　나의 자유대로 운동하고 말고도 결정할 수 있으니,
　아무리 단체가 주는 것이 크더라도 나는 이런 자유를 포기하기 싫다.
　자전거에 앉아 페달을 밟고 달리는 순간은 행동의 자유요, 마음의 자유이다.
　봄바람이 심히 부는 날, 불현듯이 자유롭고 싶어 자전거를 타고 도심을 누벼본다.

이런 개 같은 경우가

7~8년 전, 부동산 즉 집이 두 채 이상이면 중과세를 맞는 시절이 있었다. 그 당시 나는 집이 두 채에다 또 부동산에 투자할 일이 있어 '어떻게 하면 세금을 적게 낼 것인가?'에 대해 생각하다가 그동안 내가 계속 도와주었고, 아주 작은 집을 가진 형에게 말했다.

"세금을 적게 내려 하니, 한동안만 집을 형 앞으로 명의 이전 좀 합시다." "그 부동산에 들어가는 세금이나 모든 비용은 내가 낼 것이니, 형은 아무 관계없습니다."

그리고 나는 내 앞으로 된 그 부동산을 형 앞으로 명의를 바꾸었다.

일 년이 지나자, 형이 나를 찾아왔다.

"누구에게 줄 돈이 있는데 돈이 없어 그러니, 자기 명의로 되어있는 부동산을 담보로 돈 좀 빌려 쓰고 1~2년 안에 깨끗이 갚겠다."

나는 선선히 그러자 했고 그 부동산을 담보로 형은 돈 몇 천만원을 빌려 썼다.

그러나 형 앞으로 부동산 명의를 바꾼지 7년이 흘러 내가 그 집을 다시 쓸 일이 있어 형에게 그 부동산 명의를 이제 바꾸려고 형을 찾아가 말하였다.

"형이 그 집을 담보로 쓴 돈은 어찌 해결할 겁니까?"

형은 갑자기 정색하고 나에게 말한다. "그 집은 내 앞으로 되어 있는 내 집이다." 그 소리를 듣는 순간, 갑자기 무엇인지 번쩍하고 내 뇌리를 스쳐 가는 것이 있었다. 너무 기가 막힌 소리기에 나는 놀라 소리를 질렀다.

"아니! 그 집이 형의 집이라니?"

나의 눈을 바라 보더니 형은 작정을 한 모양이다.

"그래, 내 앞으로 된 내 집이다."

순간 너무 놀라웠다. 얼마나 많은 나의 도움을 받았던 나의 형제가, 핏줄을 나눈 나의 형제가, 남도 아닌 형이란 사람이 동생의 부동산을 한동안 자신의 명의로 해 놓았다고 많은 사람도 다 알고 있는 사실인데, 지금 눈앞에서 "그 집은 자기의 집"이라 하니…….

이거 미친 짓도 아니고, 눈이 돈 사람도 아니고, 강도도, 도둑도 아니면서 강도보다 더한 도둑의 심보를 보이다니, 너무 기가 막혀 말도 제대로 나오지 않는다. 어찌 이런 사람이 형제이며, 이런 사람이 나의 형이라니 그렇게 자기의 명의로 되어있다고 동생의 재산을 한입에 꿀꺽할 생각을 하다니…….

이제는 형제로서의 사이도 끝이고, 가족도 아니며 도저히 용서를 못 할 나쁜 인간으로 나에게 다가오다니 분노가 가슴속 깊은 곳에서 올라온다. '이런 도둑놈을 어떻게 혼내줄까?' 하는 여러 생각이 떠오른다. 세상에 이런 인간이, 매스컴에서만 듣던 인간이 나의 형제라니……. 너무 놀라서 분노와 인간에 대한 회의가 섞여 떠오른다.

'세상에 어찌, 이런 개 같은 경우가 있나!' 싶다.

갑자기 비 오는 강변

오랜만에 자전거를 타려고 대전의 갑천에 갔다. 많은 사람이 걷고 뛰고 달리고 자전거를 타고 있었다.

봄 하늘은 맑고 바람은 시원하게 불고 기온도 춥지도 덥지도 않은 운동하기에는 아주 좋은 날씨이기에 많은 분이 각자의 시간을 즐기고 있었다. 한동안 냇물줄기를 따라 달리고 있는데, 갑자기 주변이 어두워지고 가랑비가 내리기 시작하더니 세찬 바람까지 분다.

천변에 많은 사람이 이리 뛰고 저리 뛰더니 몇 분도 안 되어 주변에 사람이라고는 없는 텅 빈 상태의 공간으로 바뀐다.

나는 마침 방수 재킷을 입고 있었기에 느긋하게 주변을 둘러보며 더 여유롭게 자전거를 탈 수 있었다.

웃어가며 운동을 하던 평화롭던 공간이…….

혼자 혹은 여러 명이 같이 즐거움을 나누던 시간이…….

한번 몰아치는 광풍과 빗줄기에 순간적으로 모든 분위기가 적막과 고요가 흐르는 공간으로 바뀌었다.

우리의 삶도 이와 비슷한 것은 아닐까. 보기에는 웃음과 평화가 있고 대화를 하며 사랑이 녹아 있는 공간으로 느낄 수 있지만······. 완벽하게 행복으로 포장되어 있는 공간으로 보일 수 있지만······. 그 행복의 실체는 너무 약하고 허약하여 가볍게 부는 바람에도 날아갈 수 있는 것이 아닐까? 활기가 넘쳤던 공간이 한줄기의 바람에 순식간에 사라졌지만, 다행히 나는 방수 재킷이 있었기에 여유롭게 주변을 볼 수 있는 것처럼, 우리가 살아감에 있어서 무엇인가가 준비된 사람과 준비됨이 없는 사람과의 차이가 무엇인가를 새삼 느꼈다.

 내리는 비를 맞아가며 천천히 자전거를 타면서 '우리의 반복되는 삶 속에서 무엇이 준비이고, 무엇이 갑작스럽게 오는 삶의 변화나 문제를 풀고 헤쳐 나갈 수 있는 힘일까?' 하는 생각을 잠시 해본다.

 바람에 휘날리던 빗줄기가 냇물에 떨어져 작은 파장이 일렁일 때, 그 옆을 흐르듯 여유롭게 지나치며 느껴본 단상이다.

아버지 임종을 지키며

　코에다 산소 호흡기의 호스를 끼고 가쁜 숨을 몰아쉬는 아버지를 보고 있다가……. 컴퓨터가 있는 휴게소처럼 차려진 병실 옆의 창가에 왔다. 창밖에는 멀리 김해 신어산의 산 위로 구름이 유유히 떠가고 있었다.
　한 생명이 가쁜 숨을 몰아쉬며 이제 얼마 남지 않은 순간순간의 호흡마저 가빠하며 생사의 기로에서 온 힘을 다하고 있지만, 그 모습은 마치 저 산 정상의 구름처럼 부는 바람 따라 봄 하늘 산 위를 천천히 흐르고 있는 양상이다.
　멀리 보이는 벚꽃도 그 색깔이 화사하게 눈에 들어온다. 흐르는 구름을 보며 아버지를 생각한다. 누구보다도 화려하며 파란만장의 인생을 사셨던 분, 일본에서 공부하고 탄광, 금광 그리고 몇 가지 사업에 노력하다가 한때는 거지같은 인생도, 한때는 누구보다도 화려한 삶도 사셨던 분이셨다.
　그리고 어머니하고의 생활보다는 주변에 많은 여인이 있었던 분, 모습은 점잖은 선비형이었지만 가슴에 인내를 갖고 도전에 강했으나,

남에게 베풂은 약했던 자기만의 이기심이 강했던 아버지였다. 돌아가시는 순간이 가까운 시점까지 자신의 힘을 자식이나 남에게 주지 않고 꽉 쥐고 있었기에 이 힘없는 시점에까지 그 영향력을 발휘하려 한, 결코 자식들에게 진 적이 없고 양보가 거의 없었던 대단한 분이셨다.

앞으로 그분에게 남겨진 시간이 몇 시간 일지, 며칠일지는 모르지만, 그 남은 시간이 생전의 부모와 자식 간의 마지막 시간이리라.

돌아가시면 부디, 현생에서의 다망함보다는 평안함이 있는 시간이 저승에서는 반드시 있기를 빌어본다.

슬픔보다는 많이 웃고 보내는 저승에서의 시간이길 바라며, 봄 안개 가볍게 낀 창밖을 바라보며 미리 아버지의 명복을 빌어본다.

아버지를 정토사에 모시고 나서

흰 벚꽃 피어 바람에 그 꽃잎 날리는 날, 아버지의 하얀 유골이 든 네모난 꾸러미를 들고 가서 정토사의 봉안당(납골당)에 모셔 놓고 장례식의 모든 일정을 끝내고 왔다. 나는 집으로 오는 동안 짙은 아쉬움을 느끼면서 인생의 덧없음을 가슴깊이 되새겼다. 한때는 싫고, 미웠고, 원망스러운 마음도 많았던 아버지이었으나, 세월이 흐른 뒤에는 나도 아버지를 이해하고 좋아했다. 아버지도 아들인 나를 차츰 너그럽게 대해주셨다. 가령, 좋아하셨던 돼지국밥을 앞에 놓고 아버지와 술 한잔할 때, 아버지 놀리는 농담을 해도 웃어주며 나의 농담의 깊은 곳의 흐름도 이해 해 주셨을 때, 그런 아버지를 생각해보면 그래도 가족 중에서 나하고 농담이 제일 잘 통했던 분이셨다. 앞으로 짙은 농담을 해도 통할 수 있는 유일한 분을 놓친 아쉬움이 진하게 다가온다.

돌아가신 아버지가 극락왕생하기를 진심으로 기원하며, 그래도 이 깊고 짙었던 부모와 자식의 인연이 있었던 것에 몇 번이나 감사를 드렸다. 하늘도 우리 부자의 이별을 위로하려는지 돌아오는 길, 잔잔히 내리는 비에 길옆의 흰 벚꽃 잎이 떨어져 아스팔트 위를 휘몰아 맴돌고 있었다.

시련

도시의 밤하늘을 건너 멀리 보이는 계룡산 위에 밝은 보름달이 떠 있다.

27층의 창을 통하여 도시의 불빛과 하늘에 휘영청 밝게 떠 있는 보름달을 오랫동안 물끄러미 쳐다보았다.

나무들은 겨울이 있기에 나무의 질이 더 단단할 수 있는 것처럼, 나에게도 나를 단단하게 하고 마음을 단련하게 하는 온갖 시련들을 외면해선 안 될 것이다. 그런 의미에서 신이 나에게 인생을 살아가면서 교만하지 말며, 건방지지 말라고 어려운 시련을 주었다고 생각하고 싶다.

분명, 내가 넘어야 하는 시련의 장이지만 시련은 나를 통하여 올 수도 있고 주변의 인물을 통하여 올 수도 있다.

나에게 직접 오는 시련이야 사전에 방지할 수도 그리고 작게 만들어 넘어갈 수도 있지만, 주변의 인물을 통하여 오는 시련은 오로지 마음의 방향과 자세, 그것을 넘기려는 마음의 흐름을 통하여 괴로움을 이기고, 한편 시간의 흐름에 맡기며 최선을 다하여 극복하도록 해야 할 것이다.

어쩔 수밖에 없기에 받아들여야 하는 현실에서 인간을 통하여 오는 과거의 괴로움이 나를 괴롭힌다. 다시 한 번 같이 가야 하는 숙명으로 묶여있는 상대를 통해 오는 시련에 무력감을 느낄 수 있다.

유연함을 좋아하고, 부드러움을 바라보며, 넓고 깊은 마음으로 주변을 보고 내일을 그려봄을 자랑으로 하는 나의 길에 신이 나만이 풀어야 하는 어려움의 시련을 주셨다. 겸허하며 넓은 마음으로 내일의 잣대로 문제를 재어보고 계산하며 가쁜 호흡 없이 넘길 방안을 생각한다.

이사

　부산에서 20년 정도, 전주에서 2년 반을 살다 이번에 대전으로 이사하게 되었다.

　부산에서는 20년을 살다 보니 많은 사람과의 만남의 인연과 추억 등이 많았으나, 삼 년을 못 산 전주에서는 이렇다 할 만남도, 인연도, 사연도, 추억도 없었다.

　다른 지역에서의 바쁨이 많았기에 미처 전주에서 보내는 시간이 짧다 보니, 느낌도 짧았다. 그래도 고층의 아파트였기에 덕진 공원의 아름다운 모습을 보며 변화되는 계절의 다양함을 느낄 수 있었다. 또한 이 지역의 유명한 모악산을 거실에서 볼 수가 있었기에 좋았었고, 바로 옆이 전주 천과 연결이 되었기에 강의 크기도 작고 수량도 적지만, 피어있는 갈대숲을 걸으며 시골에 온 것 같은 한가함의 느낌도 여러 번 느꼈다.

　어릴 적 이사는 새로움에 대한 두려움과 호기심을 느낄 수 있었지만, 요즘 이사는 먼저 생활의 편리성을 생각하고, 주변의 환경이 어떠하고, 내가 그 여건을 어떻게 활용할까?(일단은 건강에 이바지하고 즐길 수 있나?)하는 계산을 하게 된다.

　이삼일 안에 대전으로 이사하게 되었으니, 나름대로 이사계획을 짜보며 '앞으로 이사 가는 대전에서는 오랜 시간을 이사 없이 보내야지.' 하는 작은 다짐을 해본다.

　사연이 많든 적든 이곳의 인연은 이미 끝난 것, 새롭게 가서 만나고 부딪치며, 어우러질 많은 인연을 그려보고 생각해본다. 또 이사 가는 그곳에서는 기분 좋은 시간의 인연들이 나를 기다리고 반겨주길 바라며, 집안의 모든 가구에 새삼 눈길을 주어본다.

　새로움의 포장으로 앞으로 나에게 다가올 여러 인연, 새로움은 나의 가슴을 설레게 한다.

귀신을 잡는다는 친구

　친구가 찾아왔다.
　군대에서 만나 삼 년을 한 내무반에서 같이 생활하면서 웃을 일이나 울 일도 많았었고, 많은 대화와 술도 마셨고, 제대 후에도 만나 우정을 나누었던 오래된 친구이다.
　친구는 독립된 포병 부대의 무전병이었고, 나는 행정병이었다. 청주가 고향으로 트인 마음을 갖고 있고, 인물도 좋았기에 배우까지 꿈꾸던 친구였다.
　제대 후, 젊은 날에는 많은 밤을 몇몇 마음이 맞는 친구들과 만나 바닷가에서, 때로는 산에서, 아니면 각자의 집에서 만나 밤을 새우면서 다들 술을 좋아하는 친구들이었기에 "부어라, 마셔라!" 하며 여러 날의 밤을 같이 새웠던 친구 중의 하나였다. 그 친구는 담배를 아주 좋아하는 골초였다.
　현역 때에 전방의 벙커 작업으로 몇 개월을 전방에 가 있을 때, 부족한 담배로 고생하는 친구에게 후방에 근무하던 나는 행정병의 작은 끗발을 이용해 몇 개월간 친구에게 담배를 보내 주어서 지금도 만나

면 그때의 고마움을 두고두고 이야기하는 친구다.

"야, 이 친구가 내가 군대에서 전방의 공사 때문에 고생할 때, 그 모자라는 담배를 후방에 갈 때까지 싫어하는 소리 한 번도 없이 오랫동안 오는 보급품에 비공식으로 넉넉하게 담배를 보내줘서 주변의 전우에게까지 인심을 쓸 수 있게 한 친구다!"

그는 늘 그의 친구들에게 많은 자랑을 하며 나를 소개한 친구다. 그때 아주 넉넉하게 담배를 보내 준 것이 이 친구에게 잘했는지, 못했는지는 모르겠지만, 그 친구는 아직도 골초이다.

이 친구가 언제부터인지 기(氣)에 관심을 두더니, 아예 그쪽으로 푹 빠져서 30여 년을 기 수련을 하는 사람으로 간혹 산에 들어가 몇 개월씩 생식을 하면서 기 공부를 하여, 지금은 현대의학으로 치료가 안 되는 불치병의 환자를 기를 이용해서 치료하고, 또 무엇인가가 모자라면 산에 들어가 몇 개월을 기도로 수련하고 나오는 일을 반복하는 친구다.

친구의 말을 빌리자면, 이 세상은 많은 귀신이 있단다. 사람의 아픔도 '그에게 귀신이 어디에 붙어 있느냐?'가 그의 병이란다. 마음이 아픈 사람은 그의 가슴에 붙어있는 귀신을, 허리가 아픈 사람은 허리에 붙은 귀신을 쫓아내면 낫고, 머리가 아픈 사람은 머리에 있는 귀신만 제거하면 낫는단다.

이 세상의 모든 일은 귀신의 조화요, 자신은 그 귀신을 쫓고, 잡는 사람이란다. 옳고 그름을 떠나 나는 일단은 그의 이야기를 듣는다.

세상 어디를 봐도 하나의 생각만 있는 것이 아닌 많은 생각과 사고가 있기에, 어느 것이 맞고, 어느 것이 틀림은 나의 결정이 필요한 것은 아니라고 느끼기에 친구의 말에는 그냥 듣고 웃을 뿐이다.

귀신도 많다는 세상에 그 귀신을 없애는 능력을 갖춘 친구, 이 또한 얼마나 좋은가! 그런 친구가 나에게 있다는 것 또한 나의 즐거움이 아닌가!

친구와 농장을 천천히 걸으며 많은 이야기를 나누었다. 혹, 귀신이 들린 사람 있으면 나에게 연락하시라. 내 친구에게 부탁하여 몰아내 드리리다. 하하하

빛이여, 다시 한 번 그에게

　오랜만에 그가 날 농장으로 찾아왔다. 그는 한동안 어떤 분야에서 잘나가는 사람이었다. 하지만 10여 년 만에 보는 그는, 묻지는 않았으나 사업이 안 풀려 고생을 하는 것으로 보였다.

　내 사업과 연결될 수 있는 제품 몇 가지를 갖고 와서 보여준다. 가능하면 거래를 해 그를 도와주고 싶었으나, 일단 그가 갖고 온 견본과 나와의 연결은 시간이 걸릴 것 같아서 결정은 미루고, 그가 갖고 온 견본품 중에 그래도 가격이 나가는 것을 하나 구매를 했다. 견본품으로 그냥 얻을 수도 있었으나, 생활에 지친 얼굴과 모든 모습에서 농장까지 온 유류비나 수고비를 치르고 싶었다.

　"견본품을 돈 내고 사시다니" 하며 사양하는 그에게 "비록 견본품이지만 앞으로 거래될지, 안 될지 모르는 상황이지만, 이것은 내가 일단은 가격을 치르고 싶다." 하고 지갑을 탈탈 털다시피 해 돈을 주었다. 기쁜 마음으로 감사하며 가는 그를 보고 나도 즐거웠다.

　사람의 삶은 별것 아니라 본다. 작은 마음으로 상대를 위하는 것이 아닐까? 돌아가는 그의 앞날에 다시 빛이 비치기를 바라며, 떠나가는 차에 손을 흔들어 주었다.

문병 가는 소풍
[문병 가는 길, 휴게소에서 처와 고모]

평소에 건강관리를 누구보다 잘하시면서 소식(小食)으로 사셨기에 건강에는 자신하셨던 아버지께서 병원에 입원한 지가 3개월이 넘었다.

전립선의 이상이지, 다른 건강에는 문제가 없다는 의사의 이야기를 들었기에 겨울에 난방비 많이 들이면서 아파트에 있는 것보다는 따뜻하고 직접적인 의료 서비스를 받아가면서 병원에 있는 것도 나쁜 것이 아니기에, 겨울은 병원에서 보내시고 봄에 퇴원해 봄을 즐기시면 된다고 한 달 전에 말씀 드렸다. 하여 아버지께서 입원하신 뒤 대전에서 김해까지 먼 거리라 전화만 드리고 못 찾아뵌 지가 한 달이 넘었기에 가서 위안을 드리는 것이 좋다고 느껴 가까운 곳에 사는 막내 고모에게 아버지 병문안을 가는데 같이 가실 거냐고 물으니

"내가 차 타고 찾아서는 못 가고, 누가 데려다 주는 사람 없나 기다렸는데……. 조카가 태우고 가련가?" 하며 기뻐하신다.

바람은 차갑지만 날씨는 맑은 봄날에 고속도로를 달려 김해로 내려갔다. 차 한 대에 나와 처 그리고 고모와 고모의 딸, 4명이 타고 가는 동안 고모에게 말했다.

"고모, 이른 봄날에 소풍 간다 생각하시고 즐겁게 갑시다. 그리고 모처럼 고모하고 가는 여행이니 먹고 싶은 것이나 마시고 싶으신 것이 있으면 무엇이든지 주문하세요. 모처럼 조카, 기분 내고 사드릴게요. 하하."

85세의 고모, 모처럼 나온 소풍의 기분에 즐거워하며 주변을 즐기신다. 젊은 날에 누구보다 고우셨고, 마음 또한 따뜻했기에 주변의 칭찬이 자자하셨던 분이다. 많은 옛이야기와 집안의 이야기를 하며 즐겁게 휴게소에서 충분히 쉬면서 김해로 3시간 30분이 걸려 김해 금강 조은병원에 당도했다.

5층의 단독병실에 입원해 계신 아버지가 누워 계시다 나와 고모의 소리를 듣고 아버지 옆에서 병간호 중이신 새어머니에게 몸을 일으켜 달라신다. 92세의 아버지와 85세의 고모, 서로 바라보시더니 고모가

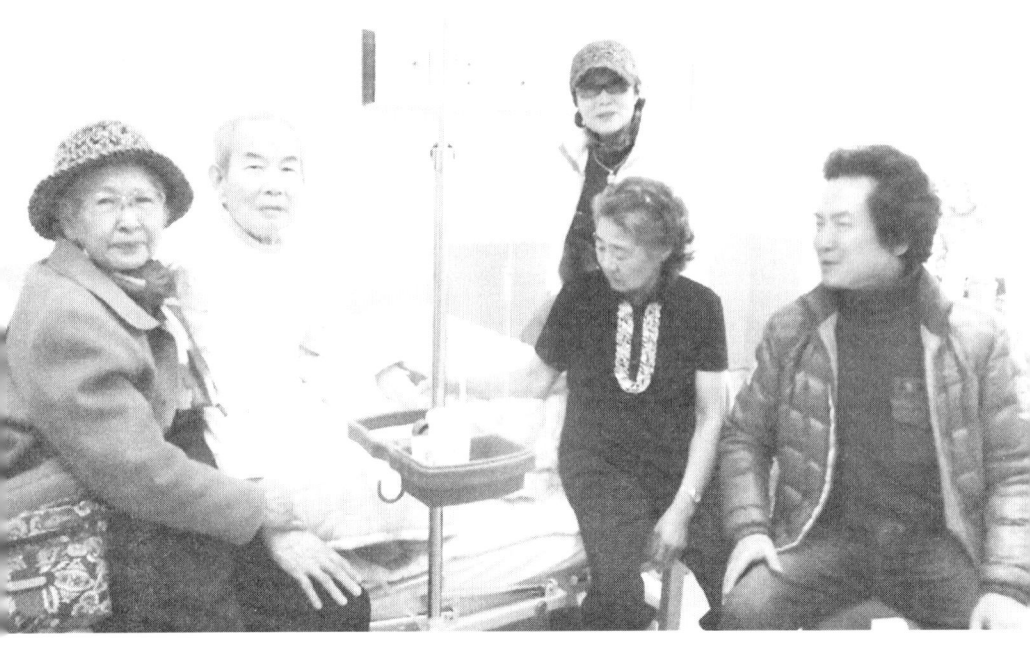

"오빠!"하며 감정이 복받치시나 그만 우신다.

아버지는 "너는……. 됐다. 됐다. 고맙다. 울지 말라!"하면서도 반가우신지 눈물을 흘린다.

한 남매로 태어나고 자라나 많은 세월을 보내고 이렇게 누워 계신 분을 보니 감정이 복받치는 가 보다. 두 분이 편하게 많은 이야기를 나눌 수 있도록 옆에서 간혹 대화에 끼어들거나 들으면서 대부분 시간을 보냈다.

아버지의 얼굴도 별로 나쁘지 않았다. 두 번이나 간호사가 체크를 하고 갔는데 크게 이상은 없단다. 난 기쁜 마음으로 아버지에게 말씀드렸다.

"아버지, 아버지께서 100살까지 건강히 사셔야 아들인 내가 120살을 살 수 있는 겁니다. 빨리 훌훌 털어 버리고 일어나셔서 인생을 즐기십시오."

모두 기쁘게 웃었다.

고모와 이야기를 한 시간 이상 재미있고 즐겁게 하셨다. 그 이상은 피곤하실 것 같기에 편하게 누우시라고 했고, 아버지 혼자 누우시는 것을 모두가 지켜보았다.

내가 나오기 전에 아버지에게 말했다.

"아버지, 얼굴이나 몸을 보니 이것은 분명 나이롱환자지, 아픈 분은 아닙니다. 하하. 나이롱환자 인제 그만 하시고 좀 더 따뜻해지면 나의 농장에 오셔서 맑은 공기도 마시고 한 며칠 놀다 가셔야죠?" 하니 아버지께서는 큰소리로 웃으시며 대답하신다.

"그래 나이롱환자 그만 하고, 한 달 후에는 네 농장에 가서 한동안 내 쉬마. 하하."

병문안 온 기념 촬영도 하고 다시 만날 것을 약속하며, 모두 즐겁게 손을 흔들며 헤어져 왔다. 오는 길에 고모가 좋아하시는 저녁도 사드렸다. 고모가 맛있게 식사를 하면서 말씀하신다.

"내 쓸데없는 나이를 먹었는데, 오늘 모처럼 조카 덕에 소풍 겸 오빠 병문안 오게되어 아주 기쁘고 좋아!"

장거리 운전이라 좀 피곤은 했으나, 아버지와 고모를 위해 그분들이 만족하고 흐뭇해 한 문병을 겸한 소풍은 매우 보람 있는 일이었으며, 이런 것 하나하나 쌓여감이 가족 간의 사랑이라고 생각했다.

이른 봄날에 찾아간 고향

　부는 바람 차가운 날에 고향에 갔다.
　멀지 않아 초목이 푸른 대지를 덮을 것이지만, 아직은 겨울의 잔재가 고향의 모든 곳에 남아 있었다. 언제나 마셔도 좋은 고향의 공기를 힘껏 들이켜고 천천히 고향의 한적한 길을 걸어보았다.
　세상의 모든 것에는 다 때가 있는 법이다.
　풀도 나뭇잎도 꽃도 성급함에서 피는 것이 아니라, 알맞은 날씨와 온도 그리고 그 식물이 자라날 수 있는 몇 가지의 조건이 충족되어야 싹이 나서 자라고, 꽃도 피는 것이다. 마음은 벌써 봄의 냄새가 가슴 깊이 들어왔건만 밖의 환경은 '아직은 겨울!' 이라 말한다.
　고향이지만 한 번도 가보지 않은 새로운 길이 나 있기에 걸어본다. 사람이 사는 주변의 모든 것은 변하기 마련이다. 고향의 길도, 땅의 모습도, 모든 사람도……. 변하지 않는 것은 유유히 흐르는 강물의 모습과 하늘의 모습이 아닌가 싶다.
　변화되는 고향의 길, 그 길을 걸으며 조금씩 변화해가는 내 모습속의 골치 아픈 여러 가지 문제를 고향의 부는 바람에 조금씩 잊고 날려

본다. 콧노래로 아는 가곡을 흥얼거리며 걷노라니, 아직은 젊은 것 같은 나의 가슴속의 어떤 힘이 머지않아 찾아올 따뜻한 날씨에 피어오를 아지랑이처럼 내 몸속에도 피어오르는 것 같았다.

나의 고향은 나에게는 젊음을 주는 불로초다.

고향에 가면 어린 날의 나를 볼 수 있고, 차가운 강바람에 빨간 사과처럼 볼을 익히며 하늘을 보던 나를 그릴 수 있고 만날 수 있다.

내가 아는 나의 고향은 풋사과처럼 젊고 싱싱하다.

그 속에 있는 나를 보고 간다. 나의 고향이여!

나는 무엇인가?

경기도 이천시에 갔다.

옛 나의 고객이었으며 경남 일대에서 토목 공사를 많이 한 조금 유명한 분이, 몇 번이나 나의 자문이 필요한 부분이 있다고 간곡히 연락이 와서 시간을 내어 갔다.

이천의 한적한 곳에 3,000평 정도의 대지를 갖고 있어, 앞으로 그곳을 펜션 스타일로 건물을 지어 개인별로 분양할 계획을 하고 있으며, "한 5년 동안 모든 행정적인 면과 공사의 여러 부분을 계획하고 처리했고, 건물의 준공도 올해 안에 끝내리라." 하며 몇 가지 설계도를 보여주었다. 내가 가진 세라믹의 전문적인 기술과 물건으로……. 그분이 계획하고 있는 한 동의 건물에 시험 시공을 위한 계획과 나름대로 구상했던 부분의 평가를 부탁하며, 나의 의견과 가능하면 나의 동참을 요구한다. 긍정적으로 여러 부분을 살펴보고 점검할 수 있는 시간을 달라 하며 서로의 의견을 나누었다.

젊은 날에 어느 분야에서는 한가락 했던 분이, 지금은 이천의 한 시골에서 한 채의 건물을 지어놓고 벌써 5년 동안 하늘에 흐르는 구름이

나 별빛을 벗 삼아 부인과 같이 살고 계시다.

내가 알기에는 그분은 70살이다.

그동안 농사지어 만들었다는 오미자차를 대접한다. 많은 이야기를 나눈 중에 특히 기억나는 그분의 말이 있다.

"박 사장, 내 지금까지 인생을 살면서 관급공사를 아주 많이 한 사람으로 많은 술의 접대와 향락의 즐거움을 누리고 살았지만, 지금 이 산속에서 저 할마시하고 묻혀 사는 오 년이 가장 행복하네. 큰 욕심과 무리가 없고, 내일에 대한 걱정이 없으니 천국이네. 욕심이 없는 이곳의 시간이 우리 부부에게는 정말 행복하네. 하하"

부인을 보며 웃고, 부인도 같이 마주 보며 웃는다. 그들의 배웅을 뒤로하고 꼬불꼬불 산길을 어렵게 운전하여 대전으로 내려왔다.

나는 오면서 많은 생각을 했다. '우리가 사는 삶의 행복은 대부분 무엇인가? 욕심의 어느 부분을 놓았을 때 찾아오는 것이 아닌가?' 하며……

그분도 "많은 것을 내려놓고, 작은 하나를 보고 그것을 이루고자 하는 마음으로 사는 시간에서 지금까지의 어떠한 시간의 흐름보다도 행복을 느끼고 산다."고 한다. 불확실성이 많은 미래에 대한 시간의 흐름 속에 누구나 어떤 불안을 느끼며 살아가고 있다.

나도 '나의 진정한 행복은 어떤 욕심을 내려놓았을 때 올 것인가?' 그 욕심들을 하나하나 생각해 본다.

이루고자 하는 욕심,
술에 대한 욕심,
여인에 대한 욕심,
성취에 대한 욕심,
자식에 대한 욕심,
멋진 인생에 대한 욕심,
이런 세속적인 욕심을 버릴 때, 나의 진정한 행복이 오는 것이 아닐까? 이런 것을 버리지 못하고, 그 속에서나마 즐겁게 헤엄치려 하는 나는 무엇인가를 생각해 본다.

나, 다시 태어나도

　3월 초라 아직은 주변의 모든 산하가 겨울이다.
　겨울 동안 눈도 비도 적었던 날들이었기에 메마른 대지에 적은 양이지만 봄비가 촉촉이 내리는 날, 너무 기분이 좋다.
　'이 비가 오고 난 후 몇 번 날씨의 변화가 따른 뒤에 봄의 화사한 모습이 나타나겠지…….' 하는 생각을 하며, 조금 전에 휴게소에서 산 커피를 한 모금 마셔본다. 달콤하며 부드럽고 고소한 맛이 입가에 맴돈다. 가랑비 내리는 고속도로를 달리는 중이다. 쭉 뻗은 고속도로는 막힘도 없이 모든 차가 잘 달리고 있다.
　인생을 생각해 본다. 고난도 따르지만…….
　내 인생, 아들과 딸도 있고, 50여 평의 아파트도 있고, 넓은 목장도 있고, 대형의 승용차 그리고 어떤 비포장 길도 달릴 수 있는 지프차와 적지만 40여 명의 직원이 있는 사업장.
　적당한 위치에서 큰 자리에 올라 있으면서 그 무게의 중압감에 힘들어하는 사람과 달리 크게 남의 눈치 볼 필요가 없는 자유인으로 시도 쓰는 시인으로, 마음을 나타내는 수필과 단편소설로 책도 몇 권 낸

작가이고, 나의 글을 무척 좋아하는 팬들도 있고, 그리고 차나 술을 한잔하면서 이야기할 수 있는 나를 좋아하는 여인도 많은 편이다. 나는 나에게 오는 난관을 향해 '오라! 난관이여, 내 너를 나를 단련하는 담금질로 알고, 너를 즐기듯 넘어 나의 꿈을 반드시 이루리라!' 하며, 고난을 고난으로 알지 않고 인생의 바다에 자연스럽게 오는 파도로 알고, 그 파도를 넘기려는 의지를 가지고 살아가고 있다.

어떤 인생이나 어려움은 있다고 느낄 정도의 마음의 여유와 태도 그리고 어려움 속에서도 당당할 수 있는 낙천적인 성격과 행동으로 상대의 아픔을 이해하고 되도록 보듬으며 주위를 위해 밝음을 주려하고, 내가 필요한 사람들에게 힘이 되어주려 노력하고 주변에 따뜻한 미소를 주려고 노력한다. 멀리 외국여행은 못 가지만, 국내의 어느 곳이나 마음먹으면 누구의 허락도 없이 하루나 이틀은 그냥 갈 수 있는 자유와 술이나 먹고 싶은 음식을 마음껏 먹을 수 있는 권리와 돈도 있다.

충성을 다하는 직원들, 우정을 나누는 친구들 그리고 만나면 기분 좋은 여인들…….

마시는 한잔 술이 주는 즐거움…….

그리고 덤으로 얻는 절제의 기쁨, 쭉 뻗은 고속도로를 달리면서 인생을 생각하며, 눈은 먼 곳의 산들과 하늘을 보며 앞으로의 인생의 꿈을 그리며, 그 성취를 위해 노력을 하자고 마음을 다짐하며 가는 내 인생…….

다시 태어난다 해도 이런 마음을 갖고 이런 인생의 길을 가고 싶다.

제 2 장

보내는
　　마음

참는다는 것

　멍청한 그의 말에 화가 났으나 '순간적으로 화를 낼까, 한번 참을까' 하다가 일단은 '참아주자!' 하고 마음을 굳히고 가볍게 숙였던 얼굴을 들며 표정을 바로 하고 직원을 보았다.
　직원들 모두 나를 쳐다본다. 분명히 '내가 화를 내리라.' 하고 쳐다보고 있는데, 평범한 얼굴로 주위를 둘러보고 이야기를 진행하자, '의외다.' 하는 표정인 직원들의 얼굴을 읽을 수 있었다.
　나는 열정적이고 격정적인 기질을 갖고 있기에 간혹 회의 중에 바보 같은 의견이나 질이 떨어지는 의견을 제시하는 자가 있으면 불같이 화를 내고 그 직원을 질책했다. 그러나 회의 중에 한두 번 화를 내고 직원을 꾸짖으니 나의 기분은 만족했는지 모르나, 자신의 의견을 자유롭게 발표하는 직원이 적어지는 것 같아서 되도록 공식적인 자리에서는 화를 내는 것을 자제하기로 하고, 많이 참으려 노력을 했다.
　오늘은 객관적인 입장에서 평가해도 그 직원의 발언은 혼나도 좋은 정도의 멍청한 발언이었기에 직원들 모두 '저 친구는 혼났다.' 하는 얼굴로 나의 반응을 보고 있었는데, 그냥 무심에 가까운 무덤덤한 표정으로 넘어가자 속으로 놀라는가 보다.

나도 회의를 진행하면서 '잘 참았다.'는 느낌을 강하게 받았다.

직원을 혼낼 수 있는 위치에 있으면서 그들을 자유롭게 혼내는 것보다는 작은 실수는 넘어가 주고 큰 실수는 가볍게 질책을 하는 선에서 마무리하다 보니, '참는다.'는 미학을 많이 느낄 수 있었다.

나오는 화를 참는다는 것은, 인간의 단련이요.

사람의 가슴의 평수를 늘리는 가장 좋은 방법인 것 같다.

'십년공부 나무아미타불' 이라는 속담이 있다.

열심히 많은 세월을 통해 얻은 것도 하루아침에 잃어버리는 것을 이야기하는데, 면벽하거나 아니면 조용한 곳에서 명상으로 마음을 수십 년 수련하는 것도 좋지만, 인간의 생활이라는 것은 상대가 있기에 상대의 반응에 따라 변하는 것이 시혜이다. '상대에게 느낄 수 있는 분노의 조절은 명상이나 자연 속에서의 수련으로는 어렵지 않나?' 하는 생각을 한다.

불같이 나는 화를 순간적으로 자제한다는 것은, 그런 상황은 겪어보지 않고는 어렵다고 본다. 하기에 나는 나의 삶을 하나의 마음의 단련장으로 보고, 생활을 통해서 도를 닦는 기분으로 살려 한다.

산사에나 가고 조용한 곳에서 하는 명상만 마음의 공부는 아닐 것이다.

살아 움직이며 수시로 일어나는 여러 가지 감정의 흐름을 읽고 마음을 다듬어 간다면, 어디에서나 통할 수 있는 진정한 산 공부가 아닌가 한다.

오늘도 한번을 참음으로 가슴에 하나를 얻은 날이다.

이별에 관하여

얼마 전 사년 반을 나의 발이 되어주고 혼자만의 아늑한 공간이 되어주던 차를 팔고 새 차를 샀다.

그 차와의 마지막 날 차안 쓰레기를 치우다 오른손잡이인 내가 오른손에 쓰레기를 들고 왼손으로 차문을 닫다가 뻔히 두 눈을 뜨고 오른손 둘째손가락을 차문에 끼게 한일이 일어났다. 눈앞에 아무것도 안보이고 손가락 한마디가 떨어지는 듯 정말 아팠다.

세상에! 양손엔 눈이 없는걸 그때야 알았다.

오른손과 왼손사이에 눈이 있는게 아니고 뇌가 있음을, 한 번씩은 오작동도 일어나겠지. 아직은 한창 더 주인께 충성하며 같이 하고픈데 떠나보내는 주인께 섭섭한 티를 마지막으로 낸 건지 일주일이 지난 지금 손톱에 동그란 피멍이 새까맣게 들어 있다.

그 피멍이 다 사라질 때까지 볼 때마다 그 차가 생각나겠지. 이상한 징표도 다 남기는 차였구나. 이번처럼 살아오면서 차를 서너 차례 바꿔왔지만 슬프다는 생각은 한 번도 해본 적이 없다.

크게 오래 살진 않았어도 적게 살지도 않았다.

너나 할 것 없이 인간이라면 누구나 끝도 없는 만남과 이별의 되풀이 속에 살게 되어 있다. 어떤 이별은 가슴이 미어지는 슬픔이 따르는 것도 있고, 어떤 이별은 무덤덤히 지나쳐 갈수도 있는 것도 있다.

그것의 차이는 뭘까 언뜻 생각해 보니 분명한 차이가 있다.

학교를 졸업하거나 새집에 이사를 가거나 새로운 직장을 구해 이직을 할때나 새 차를 사고 헌차와 이별을 할 때처럼 새로운 환경과 새로운 만남이 또는 이별에 대체할 수 있는 어떤 물질이든 존재가 있을 땐 그 이별은 아프지 않다.

약간의 섭섭함이 따를 뿐이다. 그런데 어떤 상대와 이별 후 새로운 상대를 만나지 못해 그 빈자리가 비어있을때 더 많은 허전함과 가슴 미어짐이 따르는 게 아닐까?

연애박사들이 한사람과의 이별한 그 허전함을 채우기 위해 계속 새로운 상대를 만나기에 남들 눈에 연애박사로 보이는 건 아닐까 싶기도 하고 그래서 사람으로 받은 상처는 사람으로 치유된다는 말이 있지 않은가 싶다.

난 어릴 적 시골에서 자라 늘 마루 밑에 새끼 강아지들이 엄마젖을 빤다고 고물고물했고 어느 정도 자라 젖을 떼고나면 그 강아지들이 팔려갔고 송아지도 그랬고 돼지도 그랬다.

정들었던 짐승들이었지만 무덤덤히 보낼 수 있었던건 다음에 또 다른 것들이 올 것을 알기 때문이었을 것이다.

숱한 동물들과의 이별도 사람과의 이별도 해봤는데 지금 생각해보니 대학 다닐 때 진범이 군에 간다고 같은과 친구들이랑 기차역에 갔을 때 분위기에 휩쓸려 우리는 모두 남아있는데 혼자 떠나는 게 너무 안돼서 여러 명이 울컥 운적도 있었다. 지금 생각하면 코웃음 나는 어린 날 이야기다.

그런데 유독 작년에 잃어버린 애완견 복순이와의 이별은 일 년이 훌쩍 지난 지금도 아니, 앞으로도 그 아픔이 계속 남을 것 같은 생각이 든다. 이년간을 한 식구가 되어 같이 잠도 자고 늘 같은 공간속에서 사람 이상으로 나의 기분을 알아주고 사랑을 주고받던 정말 예쁘고 사랑스럽던 강아지가 낯선 곳에 데려다 놨더니 온데 간데 흔적도 없이 하루 이틀 만에 사라져버려 너무나 가슴 아프게 했다. 잠깐 내가 안보였을 때 내가 자기를 버린 줄 알고 얼마나 무서움에 또 버림 받은 서러움에 슬펐을까를 생각하면 정말 가슴이 지금도 아파온다. 길을 걷다 시츄만 보면 복순이 얼굴이 생각나 혹시나하고 유심히 살펴보지만 복순이 만큼 예쁜 개는 아직 만나지 못했다.

그 강아지를 잃어버린 후에 다시는 강아지 안 키운다고 지인들께 단언했지만 때때로 따뜻하고 매끄러운 복순이의 감촉이 그리워지고 장난을 걸어오던 귀여운 모습과 나를 반겨주던 그 표현할 수 없는 반가운 몸짓들이 눈앞에서 아른거릴 땐 명치끝이 아려온다.

지금은 아니지만 세월이 조금 흐른 후에 꼭 복순이 같은 강아지 한 마리를 품에 안아야만 이 가슴 저리는 아픔은 끝이 나지 않을까 싶다.

이별을 생각하는 겨울의 밤

낙엽이 하나 떨어져 뒹굶을 보고 가을을 알듯, 새벽에 닭이 우는 것을 들으며 아침이 옴을 알듯, 식은 찻잔의 냉기에 맛없는 차의 맛을 알듯, 무심히 보는 그녀의 정 없는 눈빛에 사랑이 지나갔음을 알듯, 나는 살아감에 있어서 간혹 인연의 고리와 헤어짐의 때를 느낄 수 있다. 사람의 모든 인연에 어디 영원함이 있으랴! 만나면 헤어짐이 있고 나는 생명은 늙음이 있을 것이고 뜨거움은 언젠가는 식는다는 것을……. 좋은 인연은 오래오래 같이 있고 싶지만 필히 헤어짐이 있지 않던가! 연인이나 부부의 사이에 애틋함도 언젠가는 헤어짐이 있기에 그것을 알기에 더 한 미련의 정을 느끼는 것 아닐까? 이 마지막 남은 한 장의 달력이 있음을 알기에……. 우리 인간이 정한 어떤 시간의 한 고리가 넘어 감을 알기에 한 해를 마감하는 이 달, 나이가 들어감에 더 큰 아쉬움을 느낀다.

나, 만남의 소중함도 헤어짐의 아쉬움도 알기에 만남의 기쁜 술잔의 기쁨도 알지마는……. 이별의 술잔의 맛도 안다. 깊어가는 밤, 물 한잔 앞에 놓고 어떤 이별을 그려도 보고 새로움의 인연도 그려보며 창 밖에 보이는 희미한 별 보며 이별의 겨울밤을 보낸다.

빵 먹는 아침

아침 7시 대전역.

많은 사람이 자신들의 목적지를 가기 위하여 분주하게 움직이고 있다. 이른 시간이지만 몇몇 가게들은 벌써 장사를 하고 있다.

인생을 살다 보면 어떤 사업적인 머리보다도 그 사람의 부지런함이 성공의 열쇠가 될 수 있다고 보는데, 새벽의 역에 와보면 그걸 알 수 있다.

한 커피 전문점에 가서 내가 좋아하는 커피를 주문하면서 더불어 빵을 하나 샀다.

"카페라테에 시럽을 적당히 넣어주세요."

"고맙습니다!"

향긋한 커피향기를 맡으며 플랫폼으로 나갔다.

사회의 어떤 부분은 점점 세련되고 친절해지기에 간혹 가볍게 '아! 우리 사회도 정말 많이 좋아지는가 보다.' 하는 느낌이 강하게 든다. 정확한 시간에 정해진 위치에 고속을 자랑하는 기차가 선다. 나의 자리를 찾아간다. 빈자리가 많은 한가한 공간이다. 윗옷을 벗고 의자 앞의 테이블을 펴고, 그 위에 커피와 빵을 놓고 몸을 가볍게 흔들어 풀어본 뒤에 자리에 앉는다.

기차가 출발하여 아침의 밝아오는 도심을 가르고 간다.

도시 전체가 환해지는 아침의 햇살을 느끼며 밝아지는 것을 가만히 바라본다. 모든 사람이 인생의 시간을 위하여 어떤 각도의 삶이던 준비 하는 시간이다.

다시 한 번 가슴속에 꿈틀거리는 삶의 요동을 느낀다.

나도 내 삶을 준비하기 위하여 구수한 향 나는 커피를 한 모금 마시고 빵을 먹는다. 나는 아침 식사를 무엇을 먹던 먹어야 속이 든든해지는 것을 느끼기에, 오늘 주어진 시간의 멋진 매듭을 위하여 경기의 승부 전에 자신의 몸을 최선의 상태로 만드는 프로선수의 자세로 천천히 빵과 커피를 마신다.

따뜻한 밥과 맛있는 찌개가 있는 밥상이 그립지만, 전투에 나가는 전사로써는 '이 빵도 호강의 식사다' 고 느끼며 고속으로 달리는 기차의 주변 경치에 눈을 두며 입으로는 음식의 맛을 느낀다. 거듭 멋진 경치를 보면서 오늘 하루 일의 진행과 결과를 그려보며 계획하고, '내가 할 수 있는 최선의 길은 무엇인가?' 를 구상해본다.

나는 달콤한 빵 맛을 조금씩 맛보면서 빠르게 대지 위를 흐르는 기차에 나를 맡기고 눈과 머리는 허공에 둔다.

난관을 헤쳐 가며

나는 전투를 잘하는 사람이다.

지금까지 인생의 흐름 속 많은 고비의 전투에서 승리를 맛보았고, "만일 패배를 하더라도 내일을 위한 일보의 후퇴였지, 진정한 후퇴는 없이 살아왔노라."라고 큰소리칠 정도로 살았다.

나는 지금까지 많은 난관도 겪었지만, 지나간 고통을 잘 잊는 기질의 덕택(?)인지 가볍게 넘어갔다. 요새는 새롭게 다가오는 난관을 넘느라 나름대로 고생이 많다.

나는 난관을 넘기 위해 모든 취미를 대부분 접고, 술도 적게 마시며 온갖 노력을 다하다 보니, '마음이 달라졌느냐?' 냐고 묻는 친구나 여인도 있다. 마음은 그대로이지만 편하게 웃을 수 있는 부피가 작아져서 그리고 앞에 적이 있을 때는 시간의 즐김도 좋지만, 일단은 온 힘을 다해 그 고비를 넘지 않으면 아니 됨을 느낄 수 있다. 이 난관을 잘 넘기면, 나를 한 단계를 발전시킬 수 있기 때문이다.

머리도, 앞으로의 사업적인 역량도, 난관을 잘 헤쳐나간다고 대단한 인물은 아니겠지만, 다가오는 문제를 잘 푸는 것 또 한 진지하게 인

생을 살아감에서 필요한 능력이라고 나는 생각한다.

아직 누구도 가보지 못한 미래의 시간이 나를 기다리는데, 나는 항상 '어떤 자세로 가야 하나?' 가 내가 미래를 맞는 마음의 자세이다.

언제나 느긋하게 미래를 바라보며 웃을 수 있는 머리와 마음의 여유를 위해 나는 노력한다. 항상 밝고 의연하게 깊은 마음으로 주위를 대할 수 있도록 나를 만든다.

앞으로 나의 여러 가지 정신적, 물질적인 도움이 필요한 많은 사람에게 조금이라도 더 많이 베풀 수 있는 인간으로 살려고 하기에, 앞에 오는 여러 가지 난관들 즐기듯 넘기어 나의 마음의 그릇 평수를 늘리리라.

비 오는 부산역에서 잠시 여유를

부산역 그릴이다.

오늘은 기다리는 봄을 재촉하는 듯 비가 오고 있다.

이곳 부산역에 있는 2층 그릴에서는 부산항도 보이고, 바다도 보인다. 건조한 아스팔트와 메말라 있었던 초목 위에 겨울의 비가 축축이 내리고 있는 것이 보인다. 한동안 몹시 추웠던 날씨가 이틀 동안 따뜻하다가 오늘은 비가 오니 '언제 강추위가 옆에 있었던가? 하는 기분이 들고, 두껍게 입고 있는 코트가 부담스러울 정도로 마음은 벌써 봄에 가 있는 것 같다.

우리 사람들은,

사람의 마음은,

항시 나이보다,

계절보다,

마음이 앞서 가기에 마음을 풍부하게 하여야 메마름을 넘길 수 있는 것 같다. 그러기에 겨울 속에서 봄을 노래하고, 절망 속에서 희망을 노래하는 것이 아닌가?

계속되는 추위 속에서는 어떻게 따뜻하게 안 춥게 보낼까 하는 생각만 하다가, 그냥 오는 겨울비 속에서 마음은 푹 봄에 젖은 것 같으니 마음이 한결 가벼워진다.

'어려움 속에서도 내일을 보는 긍정적인 마음이, 겨울 속에서도 잠시 푸근해진 날씨에 오는 빗속에서 봄과 희망을 노래할 수 있는 건가? '인생은 항상 즐거운 것도 아니요, 또한 항시 괴로운 것도 아니니, 항상 주어지는 짧은 순간의 시간 속에라도 즐겁고 기쁘고 새로운 밝음을 볼 수 있으며 시간의 길고 짧음을 떠나 즐겨야 한다.' 는 생각을 하고 산다.

아무리 머리가 아프고 바쁘더라도 하늘에 흘러가는 흰 구름의 여유로움을 보고, 부정적인 여러 가지 일이 나를 둘러싸고 있어도 항상 찰나의 긍정을 얻고 넘긴다. 겨울 속에서 여름을 보고, 여름 속에서도 겨울을 보는 마음으로 살려고 한다.

바쁜 출장의 시간 속에서도 잠시 여유가 있으면, 내 마음이 자연에 대한 생각이 사라지기 전에 이렇게 여행객을 위한 그릴에서 무료의 PC로 지금의 나의 마음을 가볍고 기분 좋게 표현할 수 있다. 그것은 예전의 김삿갓이 자연 속에서 흥취에 겨워서 시 한 수로 그 기분 나타낸 것과 그 다름이 무엇이란 말인가?

바쁨 속의 여유여,

짧은 시간 속의 자유여,

계획된 시간 속의 한가함이여,

이리 잠시 일정에서 벗어나 그 짧음의 시간을 즐긴다.

멀리 보이는 여객선이 바다 위에 흐르듯이 가고, 도로 위에 차들이 달리고, 여행객을 가득 실은 각종 기차가 기적 소리를 울리며 힘차게 달린다. 비 오는 부산에서 나도 걷는다.

겨울이 이길 수 없는 것은

기다린다. 봄을!

추위는 뼛속을 스며든다. 여름의 더위는 더워도 산속에 머물기에 땀이나 흘리고 헉헉 대는 호흡으로 넘길 수 있지만, 추위는 온몸을 좁혀 오면서 그 차가운 기운이 뼛속 깊은 곳까지 스며드니 견디기 힘들다.

만약 진정한 추위가 내 곁에 있다면, 그 추위를 물리치는 방법은 불을 피우든지, 불 옆으로 가든지, 추위를 막을 수 있는 건물이나 구조물 그리고 열을 낼 수 있는 것이 필요하다.

더위는 무방비 속에 맞이하여도 갈 곳이 많지만, 추위는 맞이할 준비가 덜 되어 있으면 많은 고통이 수반된다.

따뜻한 사람의 곁에는 풀어진 마음으로 편히 있을 수 있더라도 추위 앞에서는 마음을 놓으면 큰일이 난다.

차가운 사람의 곁에는 그가 많은 가식적인 태도로 주위를 기만하려 해도 많은 사람은 그가 따뜻한 사람인가 차가운 사람인가를 용케 느끼고 알 수 있게 된다.

만물이 추위에 모든 것을 멈추고 생명을 감추고 있을 때. 오로지 따뜻

한 그날을 기다리며 숨죽이고 있는 산하는 기다림의 인내를 이야기한다.

추위는 준비된 사람과 내일의 준비에 약한 사람과의 차이를 분명하게 판단해 주는 신의 계량기이다.

더위는 누구에게나 웃고 마음을 주는 후덕한 여인이라면……. 추위는 즐길 수 있는 준비된 사람이나 피하는 방법을 아는 사람에게만 미소를 주는 어렵지만 기품이 있는 여인이다.

여름에는 누구나 가슴을 풀어헤치고 있어도 좋지만……. 겨울에는 가슴을 옷으로 감싸지 않으면 자연에 크게 혼나게 된다.

신이 아무리 무서워도 많은 인간의 마음속 깊은 곳은 다 바꿀 수 없고 마음대로 할 수 없듯이……. 겨울이 아무리 차갑고 냉정하고 무섭게 굴어서 추위와 얼음과 칼바람 속에 우리를 넣어 놓더라도 얼음 속에서 그 차가움 속에서 모든 생명이 멈춰버린 곳에서도, 따뜻한 봄을 기다리는 희망의 마음은 결코 신도 이기지 못할 것이다.

할머니 제사

할머니 제사 날이다.

할머니 제사는 집안 식구들이 같이 지내는 제사와 달리 별도로 나만이 제사를 지낸다.

나 어릴 적에 조건 없는 사랑을 끝없이 베풀어 주셨던 분, 어려서 동네의 말썽꾼이자 집안의 골칫꾼인 고집쟁이를 한없이 사랑으로 베풀어 주셨던 분, 옛적에 고모 집에 갈 때는 꼭 나를 업고 왕 눈깔사탕 몇 개를 준비했다가 자신의 입에는 하나도 넣지 않고 손자가 지루해 칭얼거릴 때 주셨던 분, 어떤 경우라도 큰소리 한번 치지 않고 오로지 사랑의 미소로 손자를 보아주셨던 분, 할아버지께서 일찍이 돌아가셨기에 남은 그 모든 사랑을 손자에게 작정하고 주셨나(?) 하는 생각을 하게 하셨던 분, 너무 일방적인 사랑을 주셔서 한때는 부담스러워 오히려 할머니를 피했다.

인물도 고우셨고 음식 솜씨도 좋았기에 동네의 큰 잔치에는 꼭 초대되어 가셨던 분, 마음껏 놀다가 배가 고프면 할머니 찾아가 "할머니!" 하면 입에 맛있는 간식을 쏙 넣어주시고 행주치마나 손으로 흘러

나온 코를 쓱 닦아주고 "오! 내 새끼!"하며 입에나 볼에 뽀뽀하셨던 분.

그 할머니 믿고 어디에서나 마음껏 뛰고 놀았던 나.

잘 때는 할머니의 젖통은 나의 장난감이었다. 언제나 그 잔잔하고 평안한 웃음으로 나를 보아주셨던 분이었다. 그분이 가신지도 어언 30여 년……. 나 역시 나이를 먹어가고 있지만, 하나의 인간으로서 한 분에게 그 조건 없는 철저한 사랑을 받았음을 감사한다. 이 세상 누가 있어 그분처럼 오로지 일방적인 사랑을 줄 수가 있을까?

여인을 사랑해 보았고 자식도 사랑하지만 그분이 나에게 주었던 사랑의 백 분에 일도 나는 나의 주변에 못 주고 있다. 그분의 기일을 맞이하여 성의껏 제사를 지냈다. 술은 내가 좋아하는 와인으로 올렸다.

"왜, 전통주를 올리지 않느냐?"

처가 묻는 말에 나는 답하였다.

"할머니, 그분은 전통주보다 내가 좋아하는 술을 올리면 더 흐뭇해하며 좋아하실 걸! 하하"

할머니, 혼령이더라도 기분 좋게 와인 한잔하시고 가십시오.

아들을 보고 웃었다

50년 만의 추위라 했다. 초등학교는 휴교란다.
전국의 노숙자 쉼터는 북적거린단다. 노숙자들로…….
전국의 스키장도 만원이란다. 스키를 즐기려는 사람들로…….
아들과 같이 차로 아들의 학교 교장 선생님을 만나러 가는 길이다.
밖이 아무리 춥다 하더라도 차 안의 나와 아들은 기분 좋은 온도로 맞추어 놓은 내부 온도로 약간의 더위를 느낄 수 있다.
사람의 자리, 위치는 참으로 묘한 것이다. 인간이라는 것은 주변의 기후나 자연적인 환경으로 즐겁기도 하고 괴로울 수도 있다.
내가 잘 아는 지인의 딸, 겨울의 진미인 스키를 즐기러 갔다가 넘어져 인대가 끊겼기에 수술을 받아야 한다.
추운 날 스키를 즐기러 간 마음, 추위를 즐겁게 같이 가려 함인데……. 가서 추운 날에 굳어진 몸이 인대의 파열로 이어졌다니.
이 추위도 이기려는 사람과 즐기려는 사람, 피하려는 사람이 있다.
차의 창 하나 차이로 한쪽은 영하 20도의 추위요, 창 안쪽은 영상 20도의 더위이다.

하기에 인간은 어느 쪽에 자신을 위치하게 하느냐가 괴로움과 즐거움의 차이가 될 것이다. 그렇지만 이보다 더 큰 추위 속에서 고난의 길을 본인이 원해서 많은 시간을 높은 산의 정상을 위한 목숨을 건 행진을 하는 사람들도 분명 있을 것이다.

아들에게 이야기했다.

앞으로 네가 어떠한 노력으로 너를 다듬고 만들어서 역량을 발휘하는 인물이 되느냐에 따라 이 추위에도 차 안은 따뜻하듯이 모든 것이 달라진다.

추울 때는 따뜻함이 꼭 필요하다. 그렇다고 추위는 피하라는 이야기가 아니라 추위에는 따뜻한 곳에 갈 정도의 능력과 위치로 너를 만들어야 한다고 했다. "모든 사람이 피하고 도망치는 추위도 그것을 극복하고 어떤 인간의 성취와 명예를 위한 목적으로 목숨도 걸고 산에 오르는 산악인처럼 어려움도 즐기며 도전할 수 있는 마음도 키우고 만듦은 네가 앞으로 할 일이다."라고 말했다.

아들이 웃어가며 나에게 묻는다.

"아버지, 그 일이 그렇게 쉬운 일인가요?"

"이 자슥아! 세상에 쉬운 일이 어데 있나! 열심히 노력해야지."

하고 크게 웃었지만…….

우리가 인생을 살다 보면 경우에 따라서는 산다는 것 그 자체만으로도 어렵구나 하고 느끼는 경우도 많다.

산다는 것, 분명 어려울 수도 있다.

자전거 넘어질 수도 있고 자동차 사고도 날 수가 있다. 먹는 것, 체할 수도 있고 식중독에 걸릴 수도 있다.

넘어진다고 자전거를 안 타고 사고 날까 봐 자동차를 멀리하고 식중독에 걸릴까 봐 음식을 먹지 않는다면 그것은 바보가 아닌가?

힘들지만…….

아들, 자신을 열심히 갈고 닦아 더 커서 멋진 여자와 사랑의 기쁨도 이별의 아픔도 느끼고 자신이 좋아하는 일에 땀도 흘리고 보람도 알며 어려운 일에 도전도 하는 의지의 사나이가 되어라!

사랑이 있는 넓은 마음으로 주변을 감싸주고 친구와 주위 모두에게 사랑을 주고받는 따뜻함 속에 살며 인간으로의 삶의 시간을 즐거움으로 노래하고 경우에 따라서는 고통도 즐길 수 있는 깊은 마음의 인간으로 성장해주길 바라며 아들을 보고 웃었다.

보내는 마음_시

먼 겨울 산 보이는 곳
기다리는 그대 얼굴을 그려본다
추운 겨울의 바람
앙상한 나무가지 울리는 날처럼
나의 미소는
그대에게는 겨울의 바람,
추워하는 그대에게 갈 수가 없네

손뼉도 마주쳐야 소리가 나고
웃음도 서로 웃어야 기쁨이 나는 것
혼자 가는 여행길 외롭고
짝사랑 괴롭기만 하건만
멍한 마음으로
멍하게 웃는 얼굴
외로움 그 얼굴의 그 미소여라

산다는 것은
외로울 수도 괴로울 수도 있는 것
누군가를 그리워함은
그리워할 사람 아무도 없는 것보다는
그래도 좋은 마음이
강물처럼 가슴 속에 흐르는 사랑
그 미소 그리는 그대에게
보내는 마음.

감정의 기복

감정의 기복이 큰 편이다.

어느 때는 대단히 즐거웠다. 그 시간을 마무리하고 난 후에 느끼는 공허감 같은 것은 누구나 느끼는 감정이라 본다.

즐거움도 기쁨도 순간의 흐름으로 알기에 남보다 빨리 평정심에 도달할 수 있다. 강한 것 같으면서 아주 약하고, 예리한 것 같으면서 둔하고, 남을 이해 잘하며 서도 기분이 틀리면 딴죽도 서슴없이 걸곤 한다. 동정심이 많기도 하지만 나를 망각하면서까지 돕지는 않는 이기심도 있다. 즐겁게 노래한 지 한 시간도 안 되어 창밖의 구름이나 달 아니면 별을 보고 흐르는 시간의 허무도 많이 느낀다.

여자를 좋아하지만, 마음에 무척 드는 상대가 아니면 식사는 같이 할 수 있더라도 오랜 시간이 가도 그냥 웃는 사이로 만족한다.

7년 이상을 내가 가꾸는 농장에 오는 분 모두에게 술대접했다. 아무런 조건 없이. 그러나 시내의 친구가 하는 노래방, 장사가 잘 안 되는 데도 몇 번 안 이용해주고 농장 안에 노래방 기계를 설치했다. 편하게 즐기려고. 기회가 되면 교회도 가고 절도 간다.

줏대 없는 인간처럼…….

그리고 교회에 다닌다고 절을 피하던지 절에 간다고 기독교를 외면하는 사람을 보면 그 사람의 보이지 않는 속 좁음을 알고 속으로 답답함을 느낀다. 내 자식의 남과 다름에 기뻐하지만 노력을 하지 않는 모습에는 답답해도 한다. 철저한 준비도 하지만 노력이 허사이고 필요가 없으면 철저한 방심과 망각 속에 시간에 맡긴다. 모든 것을 통해 새로운 것을 배우려 하지만 그것이 나와 인연이 없으면 그냥 잊는다.

자연을 좋아하지만 자연 그대로가 아닌 적당히 가꾸어진 자연을 좋아한다. 즉, 책이나 매스컴을 통해 보는 아프리카는 좋아하지만 가서 땀 흘리고 벌레에 물리는 자연보다는 바다 옆의 잘 가꾸어진 길을 걷기를 좋아한다.

고난과 싸울 용기는 있지만 되도록 좋은 운명이 있기를 바라는 마음이 많다. 나의 아파트나 농장의 위치는 높다. 높은 곳에서 아래를 내려다보면 밤에는 많은 불빛이 활짝 핀 꽃보다 더 화사하고 아름답게 피어 찬란하게 빛난다.

그 불빛의 하나하나에는 많은 인간이 웃고 울며 마시고 일하며 나름대로 삶의 시간을 보내며 많은 감정의 흐름 속에 살리라.

이 느끼는 이 감정도 이 순간뿐.

조금의 시간이 흐르면 또 다른 감정으로 살 것이다.

옛 친구 _시

계곡물 흐르는 대야산 깊은 웅덩이에
환한 미소 날리며
물줄기 따라 물썰매 타듯이
미끄러져 내려오며
즐거워 지르는 함성
온 산을 시끄럽게 메아리쳤지

갓 잡아 올린 뱃전의 물고기 같은
팔딱이는 젊음의 싱그러움이 물과 같이
산의 계곡에 날렸지
산 넘어 날던 새
깜짝 놀라 하늘로 날았었네
청춘이 웃었던 날이었지

오랜만에 찾아온 옛 친구
강변을 같이 걸었네
대야산을 날리듯이 크게 웃었던 옛 친구
조금 걷더니 다리 아프다고 주저앉네
세월의 빠름에 어지러워
물끄러미 바라보았네

우리의 삶 중에 가장 중요한 것은
건강이라고 누구나 아는 말 했네
가을날 서리 맞아 시들은 고추처럼
처진 어깨 힘없는 얼굴로
운전대 잡고 서울로 가는 그 모습에
흔들었네! 손을.

잔잔한 눈 내리는 밤

　많은 사람과 한잔한 뒤에 그 묘한 기분에 젖어 걸었다.
　20명 가까운 사람들과 대화를 하고 그 대화 속에 교통정리를 할 부분은 해준다고. 한 시간이 갔다.
　인간은 서로의 판단이 다르기에 하나의 사건을 갖고 이 사람의 평가와 저 사람의 평가가 다름은 어쩔 수 없는 가 보다. 많은 대화를 한 것 같지만 시간이 지나고 보면 별것도 아닌 사안을 갖고 다들 열을 내고 큰소리로 자기의 주장을 내세우기 위한 열변을 토했는가 보다.
　삶을 마감하는 순간까지 끊임없이 펼쳐질 인간과 인간의 교류…….
　왜 인간은, 별 차이도 없으면서 좋은 사람과 나쁜 사람의 차이가 난단 말인가!
　오늘의 시간에서도 눈길이 마주치면 기분이 좋은 사람과 껄끄러운 사람이 있었으니…….
　나에게 아무런 피해도 주지 않는 사람들이건만. 가슴에는 좋고 나쁨의 선이 분명히 있었으니. 사고의 좁음인가! 인간의 한계인가? 왜 나에게 아무런 피해도 도움도 없는 무관한 하나의 인간들이건마는.

그들을 볼 때의 나는 가슴속에 어떤 편견을 갖고 대한단 말인가?

눈발이 조그마하게 휘날리는 밤이다.

낮에도 적게 눈이 오기에 도심의 보도를 따라 걸었는데…….

우의에 쌓인 눈을 털면서 겨울의 상징이자 추위의 친구인 눈을 보며 '이 눈이 우리에게 주는 것은 아주 지겹고 귀찮은 것인가? 아니면 인간으로 느낄 수 있는 한 계절의 상징이자 축복인가?'를 생각했다.

잔잔하게 휘날리며 윗옷에 가볍게 쌓이는 눈길 속에서 왠지 그 누군가는 모르는 것 같은 희미해진 얼굴이 멍한 기억 속에 떠올라 그리움을 쌓아가며 눈길을 걸었다.

겨울의 잔잔한 눈 내리는 밤이다.

기쁘게 먹은 점심

동태 탕이 시원했다.

매운맛이 있으면서 따끈하고 시원한 국물에 동태의 건더기를 발라 먹는 맛이 좋았다. 이곳은 대전의 유천동에 있는 식당이다.

나의 글을 좋아하는 독자의 한 사람이 점심을 사겠다 하여 기꺼이 기쁘게 온 곳이었다. 점심시간이 좀 지났지만, 식당 옆에 사업하고 있는 지인의 부부와 미리 약속해서 함께 했다.

그 지인 좀 전에 식당에 들어오면서 식당의 여주인과 잘 아는 사인인가, 농담을 던진다.

"미안합니다! 바쁘게 장사가 잘되는 집은 점심시간이 지날 때가 되어 한가히 정리할 시간인데……. 괜히 번거롭게 우리가 식사하려고 오니 얼마나 짜증이 납니까? 쉬어야 할 시간에 와서 미안합니다! 하하하".

식당주인이 얼굴을 흘기며 별소리 다 한다며 입을 크게 벌리고 웃었다.

그렇다! 함께 식사하더라도 같이 하는 사람들이 웃으며 여유롭게 하는 식사는 사실 먹는 메뉴 못지않게 더욱더 중요하다.

입담이 걸출한 마음씨가 좋은 지인, 반주로 소주를 한잔 하잔다. 좋다고 했다. 나는 낮에는 술을 먹지 않음을 원칙으로 살고 있지만……. 기분이 좋은 식사의 자리에는 종종 그 원칙을 깨트린다.

내가 술을 시키지는 않지만 주는 술은 기분 좋게 마신다. 물론 원칙도 중요하지만, 기분 좋게 깨는 원칙은 고정관념보다 더 중요하다고 본다. 한번 정한 규칙도 중요하지만 그 틀의 원칙보다 더 신선함이 있다면 깨고 다시 정함도 좋은 것 아닌가? 모든 것은 흐르는 물 같이, 장애를 만나면 빙 돌아 우회해가는 마음도 중요하다 본다.

낮에 술을 마시지 않으려는 원칙은 그 술 때문에 나의 자세가 흐트러질 수도 있고 사람과의 만남에서 불쾌감도 줄 수 있으며 또한 한잔한 기분에 차를 몰다가 사고가 나든지 단속을 당하는 추태를 보이지 않으려 하지 않은 것이 원칙이지만 차를 운행할 것도 아니고 모인 사람들도 기분이 좋은 사람들이었기에 기꺼이 한잔했다.

우리가 인생을 살아감에 많은 행복이 있고 삶의 목표도 있겠지만, 이 시간 만나 좋은 사람들과 어우러져 기분 좋게 식사를 맛있게 하며 한잔을 곁들이니 이 또한 축복의 좋은 행복한 시간이 아닌가!

이러한 시간이 쌓이고 쌓이면 삶의 시간이 행복한 시간이지.

별도로 어디에 가야만이 도달해야 만이.

무엇인가를 쌓아야 만이…….

머리에 무엇인가가 많아야 만이…….

행복은 아닐 것이다!

주어지는 시간 시간에 오는 행복함과 웃음,
그 자리에 흐르는 따뜻한 마음과 마음,
소주잔을 부딪치며 느끼는 기쁨의 파동,
맛있는 음식을 먹으며 느끼는 즐거움,
좋았다.
음식을 먹고 나올 때 점심을 산다고 한 나의 독자를 대신해서
 "벌써 한 두 번 식사를 얻어먹었는데. 오늘 내가 안 사면 내 체통이 안 서니 오늘 밥값은 내 몫입니다. 하하하!"
 하며 밥값을 대신 먼저 내는 나의 지인······.
 이 또 한 기쁜 좋은 일이다. 이렇게 기쁘게 점심을 잘 먹었다.

신년 모임과 나의 행복

인간이란 어느 길을 가면서 그 길이 주는 즐거움에 흥겨워할 때가 있다.

가는 그 길이 넓고 꽃이 피어 있더라도 내가 느낄 수 있는 흥취가 없으면 남은 즐겁더라도 나는 즐거울 수는 없다.

나도 매일 먹는 밥보다는 간혹 한번 먹는 라면의 맛에 흥겨워할 때가 잦다. 이번 국보문학 신년회에 가서는 한 길을 가는 동료애 같은 느낌을 받았다.

살아가면서 가는 수많은 길 중에서 서로 글을 통하여 알고 그 길을 함께 가기에 우리의 만남은 가슴으로 웃어가며 서로 미소를 주고받을 수 있었다. 곧 우리의 마음은 같은 문학의 길을 가기에 서로 쉽게 융화되는 것 아닌가 한다.

우리의 직책이 어떠면 어떠한가?

우리가 조금 나이의 차이가 나면 어떤가?

좀 유명하면 어떻고 덜 유명하면 어떤까?

좀 있으면 좋지만 좀 없으면 어떤까?

같은 이 지구 안에 숨 쉬고 있으면서 수십억의 인구 중에 한자리에 그것도 문학이라는 것을 좋아하고 즐기며 창작도 하는 사람끼리 모여 새해의 행사에 술잔도 부딪치는 즐거움을 누릴 수 있음은 주어지는 시간의 흐름 중에서도 좋은 시간이리라.

마리나 뷔페에서 많은 문인과 새해의 인사를 하고 술도 한잔하고 대전에 주로 사는 나, 마침 대전에 가는 문인의 차가 있기에 그 차를 타고 밤하늘이 밝기에 보이는 별빛을 벗 삼아 느긋한 마음으로 밤의 고속도로를 달려 대전으로 왔다. 그리고 기다리고 있었던 대전의 시낭송 협회 회원들과 신년 인사 겸 한잔을 하고 2차에 노래방까지 가서 마음의 흥을 날렸다. 아주 늦은 시간까지 많은 아쉬움을 뒤로 하고 헤어질 때 짙은 아쉬움을 느꼈다.

걸어서 숙소에 오노라니…….

마음의 흥취가 도도해져서 적은 소리로 좋아하는 가곡을 부르며 밤 한 시가 넘은 시간을 천천히 즐기며 걸었다.

길옆에 취한 사람이 웬 여자 하고 다투고 있다. 남자는 소리를 지르고 여인은 운다. 스쳐 지나며 들으니 사연은 모르겠으나 여인의 우는 소리가 슬프다.

기분이 묘해진다.

하늘을 보니 서울에서 올 때 보였던 별이 보인다.

대전에서 보이는 별도 그 별이 맞는가?

행복은 다 다르구나!

별은 네 별 내 별이 없건마는,
행복은 네 행복 내 행복이 있구나!
걷는 나는 행복한 밤이다.
등 뒤에 여인의 우는 소리 들리지만 나는 행복해 걷는다.
이것이 인생 아닌가?!

대단한 여인

처음에 그 여인을 보니 지적인 얼굴에 균형이 잡혀 있는 몸매, 화려하고도 유창한(?) 말솜씨를 갖춘 한 가닥(?) 할 만한 인물이었다. 조그마한 규모의 사업을 하고 있었다.

어떤 회사의 하청을 받아 한 제품의 조립하고 있었는데 인건비 정도의 이익을 내고 있었다. 간혹 만나면 세상의 모든 것에 통달한 것 같은 언변에 매료돼 넋을 잃을 정도의 모르는 것이 없는 기막힘(?)을 가진 여인이기에 시간이 나면 종종 자리를 같이 했다.

큰 레스토랑을 경영했고 요리학원도 경영해서 많은 요리사도 배출한 원장 출신으로 부동산 쪽에 진출해서 행정 신도시 쪽의 한 방면에서는 타의 추종을 허락하지 않을 정도로 대단한 활동을 한 여인 이었다.

정부의 합동 투기단속 대상에 제1호로 낙인 찍혀 검찰에서 많은 수사를 받고 한동안 철창의 신세를 진, 콩밥도 먹어 본 대단한(?) 여인이었다.

된서리를 맞은 여인, 부동산에서 손을 씻고 작은 사업으로 진출했단다. 그 사업 처음에는 잘 나갔지만, 시간이 지날수록 어떤 문제가 어려움으로 오는 것 같았다.

한번은 나에게 하소연한다.

"겨우 인건비 따먹기인데 현금 대신 어음을 받고 그 어음의 결제도 미루어지고……. 가만히 보니 부도를 당할 것 같아요. 걱정이에요!"

하며 한숨을 쉬는 그녀를 볼 수가 있었다.

어려움이 온 것 같았다. 아파트도 팔았다는 이야기도 들었다. 그녀에게 어려운 시간인 것 같았다.

그녀, 모든 것을 잊고 바닥으로 내려간 심정으로 위치도 아주 낮은 곳에 재기의 발판으로 싼 식당을 인수받아 식당을 차렸다. 그 식당은 사람들이 물어서 찾아가야 하는 교통이 몹시 나쁜 위치에 있었고 오가는 사람들도 별로 없는 글자 그대로 도심의 오지 같은 곳에 싼 임대료 때문에 선택한 곳이었다.

그녀의 고생을 알지만 별 도움을 줄 길은 없었다. 그리고 대단한 고집과 자부심이 있는 그녀라 타인의 도움도 바라지 않았다.

몹시 나쁜 위치에 어렵게 식당을 열은 그녀, 그가 가진 절망도 두려워하지 않는 강한 성격에 지칠 줄 모르는 일에 대한 열정, 한번 일을 시작하면 낮과 밤도 잊고 하는……. 혀를 찰 정도로 자신의 일에는 목숨을 걸고 하는 승부사의 기질을 가진 그녀라 적은 식당이었지만 참으로 열심히 했다. 일단은 황태요리를 전문으로 했다.

식품학과 출신에다 큰 레스토랑도 했고 소문난 요리학원도 했던 그녀, 요리 솜씨는 참으로 좋았다. 그 어느 곳에서 맛 볼 수없는 독특한 요리의 맛, 그리고 고객에 대한 최선의 서비스와 사람에 대한 그녀의 친화력에다 그녀만의 지칠 줄 모르는 모든 것에 대한 언변, 한 번도 인상을 찌푸리지 않는 모습, 환하게 웃는 세련된 미모와 태도 등으로 그녀답게 열심히 했다.

얼마 지나지 않아 지나가는 사람도 적었던 길에 있는 초라한 그녀의 식당, 점심시간이 되면 어느 곳에서 온 분 들인가는 모르지마는 많은 사람이 그녀의 식당을 찾아 음식을 즐기게 되었다. 바쁠 때는 기다려야 하고 너무 손님이 많아 아쉬워하며 되돌아가는 사람도 많았다. 나도 시간이 나면 자주 가 먹었다. 맛이 독특하고 좋았기에…….

그녀 간혹 나를 보고 말한다.

"최선으로 최고의 맛으로 고객을 대하고 변함없이 나갈 것이니 앞으로 제가 어떻게 펴나가는지를 잘 보아 주세요!"

열심히 하라고 웃음으로 격려해주었다.

일 년이 지나자 그녀의 식당은 유명해 졌고 항시 사람이 들끓었고 그녀 신나게 지칠 줄도 모르고 모든 일을 솔선수범으로 앞서서 했다. 하루도 쉬지 않고 일하여도 감기 한번 몸살 한번 앓지 않는 철의 여인 같았다.

며칠 만에 들린 나에게 그녀 말한다.

"시내 중심가에 큰 빌딩을 가진 사람이 나에게 최대한의 좋은 조건으로 넓은 지하를 줄 테니 와서 이 유명하고 독특한 요리로 그 건물을 살려다오 하는데……. 이곳보다 열 배는 넓은 곳, 한번 하려 하는데 꼭! 자주 오세요."

자주 갈 테니 열심히 해보라고 했다. 어느 정도 시간이 지나자 그녀에게서 연락이 왔다. 모든 것이 준비되었고 개업식이란다. 가서 보았다. 넓은 지하에 여러 개의 방과 홀 그리고 지하라고 느낄 수 없는 쾌적한 환경, 그녀의 세련된 안목이 깊이 들어간 여러 가지 장식들이 좋았다.

내가 그녀에게 말했다.

"야! 잘은 꾸며 놓았는데 이 넓은 곳, 손님으로 다 채우기는 쉬운 일이 아닐 텐데……."

"선생님 걱정하지 마세요! 이곳 유명하게 만들 테니 자주 오셔서 지켜봐 주세요. 호호호!"

그녀의 말처럼 되었다.

이곳의 식당 그 독특한 맛이 바로 주변에 알려져 점심에는 주변의 기업체, 관공서, 시청, 검찰청, 그리고 시장까지도 종종 오는 명소가 되었다.

주문하지 않고 점심때에 가면 돈을 줘도 먹을 수가 없는, 아니 자리가 없는 곳이 되었다.

그녀 얼굴이 더 활짝 피었다. 앞으로 더 나아갈 거란다.

자유로운 시간에 음식을 먹고 또 사람이 많이 북적거리는 식당에는 자주 안가는 성품의 나를 알기에…….

"그동안 감사드릴 일이 너무 많지만 번거로울까 봐 자주 오시라고 말은 못 드려요. 하지만 좀 바쁘지 않으면 꼭! 선생님에게 이곳 말고 좋은 곳에서 술 한 잔 사드릴게요. 연락하면 오셔야 해요?"

서두르지 말고 천천히 제일 한가할 때 미리 연락하라 했다.

참으로 대단한 여인이다.

그 숱한 어려운 역경의 나날들을 부드러우면서도 강인한 정신으로 누구보다도 부지런하게 휴식을 모르고 헤쳐 나가며 자신의 탑을 하나하나 쌓아가는 그녀!

술 한 잔 안 얻어먹어도 좋다!

순풍에 돛 달고 가듯이 바람이 있을 때 멀리 가야 하는 것, 그녀의 꿈이 무엇인지 모르지만, 그 꿈을 향해 잘 가기를.

대단한 여인!

앞으로의 시간 순조롭게 전진해 그 꿈 이루기를 빈다.

그 사나이, 지금은

3년 전이다.

가을날, 농장에 있는 나를 한 사나이가 찾아왔다.

"어찌해서 왔느냐?"

물으니 마을에서 말해주기를 몇 년 전에 어떤 목적을 갖고 온 사람이 있다는데 크게 말하는 부분이 없어 모르지마는……. 깊이가 있는 사람 같다 하기에 동네에 일당으로 일을 하려고 온 김에 생각보다 일이 일찍 끝났기에 나에 대한 호기심이 생겨서 어떠한 분인가 해서 찾아뵈러 왔다 한다.

자기는 나무를 이용한 목각 공예를 하는 사람으로 어떤 영감이 떠오르면 작품을 만드는데 주로 불교풍의 작품이란다.

"어느 스승님의 제자냐?"

내가 물으니 자기는 스승이 없이 자연스럽게 오는 깨달음으로 영감에 의한 작품을 주로 만든다 한다.

술을 준비시켜 술을 마시며 이야기를 했다.

함양의 주변에 많은 분이 퇴직 후 또는 귀촌 그리고 특용작물을 재

　배를 목적으로 곳곳에 적지 않게 오셨는데 대부분 5년 정도면 다시 도로 도시로 가는 분이 많다는 이야기를 한다. 그리고 몇 천 평의 넓은 땅을 갖고 시작한 분들이 더 빨리 끝나더라는 아쉬움을 표한다. 그러면서 자신은 이곳 함양 땅의 좋은 기운을 느낄 수 있기에 이곳에서 뼈를 묻을 각오를 하고 산단다.

　나에게는 자기가 보니 확고한 신념을 갖고 오신 분 같이 느껴진단다. 그리고 "쉽게 도로 가실 분은 아니고 계획하시는 일 시간이 걸리더라도 이룰 분으로 느껴집니다!" 한다.

　그 말에 기분 좋게 웃고 요즈음은 어떤 작품을 많이 하고 계신가? 하니, 요즈음 자신은 천·지·인의 기운을 느낄 수 있고 같이 어우러지는 즉, 하늘의 기운과 땅의 기운 그리고 인간의 기운까지 같이 하는 집을 짓고 있단다.

어디에 짓고 있느냐? 하니 고속도로를 샛길로 가는 길 중간이라며 그 집을 짓고 있는 위치를 알려준다. 그리고 그 집은 자금이 풍부해 짓는 것이 아니고 자기의 작품을 팔고 건축 일에 목수로 나가 일을 해 돈을 벌면 공사를 계속할 정도이고 지금은 공사를 하다 말다 하는 그런 상태의 3층의 목조 건물이란다.

"1~2층의 공사는 대부분 끝내다시피 했는데 3층은 내부나 안의 시설은 대부분 못 끝내 창문의 자리에 비닐로 쳐 놓고 있으며 돈이 마련되는 대로 공사를 재개하려 합니다."

앞으로 시간이 나면 한번 찾아갈 테니 소주나 한잔하자고 하며 헤어졌다.

목적지에 가려면 좀 더 시간이 걸리는 길이기에 자주는 아니지만, 간혹 그 목조 집의 건축 진행을 알고 싶어 그 집이 보이는 길로 가면서 한 사나이 꿈의 결실일 수 있는 집을 보았다.

집은 산을 낀 도로 옆에 있었다.

3층에 창문 대신 비닐로 쳐진 미완성의 목조건물을 보았다. 그를 찾아 집안에 들어가 볼까 했으나 외딴곳에 있으며 밖에서 느낄 수 있는 인기척이 전혀 없기에 그냥 스쳐만 갔었다.

계절이 바뀌어도 전혀 진척이 있는 모습을 볼 수 없기에 언제나 저 집이 완성될까? 생각했지만 점점 흥미를 잃어 한 이년을 그 길로 가지 않아 그 집에 대한 것을 잊어버렸다.

한해도 바뀐 신년에 농장에 있다가 나올 때 문득 그 집에 생각이 났다.

일 년 이상을 안가본 곳, 이 정도의 시간이 흘렀으니 이제는 그 천·지·인 기운이 조화롭게 어울려진 곳으로 완성되지 않았을까? 하는 생각이 들어 '좀 더 시간이 걸리더라도 그 집이 보이는 길로 가면서 스쳐보면서 가리라' 하는 생각으로 그 집이 보이는 길로 갔다.

그러나 집이 보이는 곳까지 와보니 절로 실망감이 든다. 길옆의 그 집, 옛날에는 완성이 안 된 3층 창문에 비닐로 처져 있었는데 비닐은 날아갔나. 아무것도 없는 텅 빈 모습의 3층이 눈에 들어온다.

차에서 내렸다. 집안으로 가보았다. 마당에 건축에 쓸 자재와 작품으로 쓰려고 준비한 것인지 큰 나무가 보인다.

인기척은 없는 것 같다. 돌아 나왔다. 차 안에 와서 그 집을 다시 보았다. 몇 년의 세월이 지난 지금, 아직도 창문도 없이 텅 비어 있는 3층을 보니 몇 가지 생각이 교차한다.

'그 사나이, 왜? 돈벌이가 안 됐나?'

'어떻게 저렇게 몇 년 동안 방치를 한단 말인가?'

'그렇게 힘들게 살고 있을까? 그 사나이는!'

'아니면 밖에서는 모르지만, 열심히 작품이나 어떤 준비를 하고 있단 말인가!'

차로 출발하면서 생각한다.

새로운 해의 첫 달이다. 몇 달 후 꽃이 피는 날들에 이 길로 지나갈 때 저 삼 층에 유리창 끼어있어, 그 창에 하늘과 아름다운 들꽃 비추어 있어 지나가는 나를 반길 것으로 생각하며 운전대를 힘 있게 잡아본다.

제 3 장

행복의 향기

'겨울 밤하늘의 별빛'_시

겨울의 맑은 밤하늘에 빛나는 별들

가만히 바라보는

하늘에는 별도 많아라

무엇인가 그리운 듯 아니 그리운 듯

누워있는 가슴에 조용히 바람이 인다

겨울에 차가운 별빛

저 별을 보며

이유 없는 그리움에 가슴 적심은 왜일까?

애절한 눈빛으로 보는 별빛에

누워있는 가슴에 조용히 바람이 인다

가슴 따뜻한 사랑 그리워

비어있는 듯한 허전한 마음 실어

별빛에 눈물을 적시며

눈꺼풀 무거워 눈을 감을 때

누워있는 가슴에 조용히 바람이 인다.

며칠 만에 집에 들어와서 거실의 TV 앞에 직선으로 평안하게 자리를 마련하고 누워서 TV를 보았다.

머리가 복잡하면 나는 TV를 보면서 자는 수가 많다. TV를 보면 화면을 보기에 머리에서 일어나는 여러 생각을 줄일 수가 있기에 늦은 시간 거실의 모든 불은 끄고 TV를 보다 눈을 창밖으로 돌렸다.

나의 아파트는 고층이라 높아서 전망은 좋다. 집에 자주 있는 편이 아니기에 밤에 밖을 보는 경우는 적다. 오랜만에 보는 겨울의 밤하늘, 그 하늘에는 별들이 무수히 떠 있어 밤하늘을 빛내고 있었다. 그 별빛을 한참을 바라보고 있노라니 여러 가지 생각이 머리를 스쳐 간다.

무엇인지 모르지만 부드러우면서 애련한 옛 추억이 떠오른다.

괜히 눈시울이 축축해진다.

눈꺼풀이 무거워지는 듯 추억이 깊어지는 듯……

조용히 눈을 감으며 잠을 청했다.

삶의 큰 행복

되도록 약속을 지키려 한다.
술값은 먼저 내려고 노력한다.
얻어먹는 것보다는 사주는 즐거움을 느끼려 한다.
짜증보다는 되도록 웃음을 주려 한다.
부정을 노래 하려함 보다는 항시 어렵더라도 긍정을 노래한다.
지금은 어두워도 멀지 않아 밝음의 새벽이 오리라는 것을 안다.
사람들의 장점을 보려고 노력을 하는 사람이다.
나의 주변 누군가가 잘못을 하면 한두 번 기회를 준다.
주변에 밝음을 주려 노력을 한다.
이 인생 언젠가는 끝이 있음을 알기에 주변에 도움이 되려 한다.
나와 다른 사고의 사람이 많음을 이해하려 한다.
살아감에서 많은 사람에게 감사를 느끼며 살려 한다.
적은 것에도 만족을 자주 한다.
간혹 어려움도 즐거움이라 느낀다.
되도록 깨끗하고 멋지게 살려 한다.

잘못을 알면 인정하고 사과할 준비가 되어있다.

나의 꿈을 위해 꾸준하게 전진한다. 비록 한 걸음을 가더라도.

과거보다는 항시 미래를 보려고 노력한다.

내 주변 사람이 잘되기를 바란다.

나의 손해가 크지 않으면서 나의 양보가 상대의 큰 이익이 되면 깨끗이 양보한다.

준 것은 되도록 잊는다.

받은 은혜는 영원히 가슴에 새긴다.

나는 이러한 마음을 갖고 산다. 그러기에 나를 간혹 이해를 못 하는 사람도 있지만, 시간이 가면 나를 알게 된다. 미래의 어느 날에 봄날의 싱그럽게 부는 바람을 느낄 수 있되 흔적은 없는 바람처럼 이 우주의 적은 존재로 흔적도 없이 사라지는 것이 인생이라 느끼기에 사후의 안락이나 영광에는 설사 있더라도 아무런 기대도 없다.

살아감에서 느끼는 인간다움의 삶의 시간에 즐거워하려 한다. 나를 위해 노력을 해주는 사람에게 줄 수 있는 미소가 있고 마음을 느낄 수 있는 여러 부분의 고마운 사람에게 감사할 줄 아는 마음이 있을 진대……. 어려움도 넘길 수 있다. 그래도 살아가는 나에게 나를 좋아해 주는 사람이 많음을 기뻐한다.

나를 좋아해 주고 내가 좋아하는 사람이 많은 곳에서 살아감은 삶의 큰 행복일 것이다.

행복의 향기

고속도로 호남선 상행의 여산 휴게소에서다.

넓은 주차장에 차가 절반 정도 주차해 있어 넉넉한 마음을 갖게 한다.

간단하게 음식을 사 먹고 커피는 차에서 느긋하게 즐기고 대전으로 가려고 커피를 갖고 차에 올랐다.

그 진하면서 구수한 커피를 한 모금 마시고 차를 출발할까 생각하며 앞을 보니 웬 젊은 사나이 하나가 얼굴은 오만 잡상으로 일그러뜨리고 입만 미소를 띠며 히쭉히쭉 거리며 한 손을 대각선으로 올리고 흔들거리며 걸어온다.

순간적으로 팔푼이가 아닌가 생각하며 그 젊은 사나이를 보았다. 그 사나이 내차 옆으로 간다. 그쪽을 보니 젊은 여인이 어린 아기를 안고 차 옆에 서서 오는 사나이를 보고 있었다.

이 젊은 사나이 그 앞으로 가더니 아기를 보고 '메롱!' 하더니 옆 차 안의 나에게도 들리는 듯한 소리로 아기 볼 에다 '쪽!' 하고 뽀뽀를 한다. 그리고 아기를 보고 웃는다. 그러더니 아기를 안고 있는 젊은 여자에게도 뽀뽀를 한다.

젊은 여인 언뜻 주변을 살피는 듯한 눈초리로 옆을 한번 보더니 입을 쫑긋 내밀며 같이 뽀뽀한다.

뽀뽀한 젊은 사나이 환하게 웃더니 차의 뒷문을 열어 젊은 여인이 아기와 같이 뒷좌석에 타도록 한다. 아기가 있어서 안전을 위하여 뒷자리에 태우는 것 같다. 차가 출발한다.

그 모습을 보던 나, 한참 옆에서 날아오는 행복의 향기에 취해 쌩끗 웃고 한참을 생각하며 그 자리에 있었다.

저 젊은 부부 지금 최고의 행복한 순간이리라.

살아가면서 앞으로 행복과 불행이 교차하겠지만……

그 인생의 행복 중에서도 지금 그가 느끼고 가진 행복이 으뜸일지 모른다. 앞으로 어떤 행복일지라도 지금의 행복과 같은 그 행복을 능가하는 행복은 없을것 같으니 말이다.

어린 자식을 보는 뿌듯함과 사랑을 느끼는 와이프와 같이 하는 행복……

어디로 가든, 다시 가는 여행길이든……

그 젊은 사나이를 감싸고 있는 행복과 그 향기를 진하게 느낄 수 있었다.

그 행복의 향기 너무 짙기에, 그 향에 취해 내가 한동안 차를 운전할 생각을 못하고 기분 좋게 멍하게 보고 있었으니……

먼 옛날에 내가 누려 본 듯한 향의 내음에.

어렴풋이 기억이 나는 그 옛날 향의 내음에.

입가에 올라오는 왠지 쓸쓸한 웃음을 지으며 그들이 간 방향을 보며 웃는다.

아, 나에게도 있었던 지나간 행복 향기여!

그 향기 짙어라.

새해 첫 날과 돼지국밥

　김해에서 출발해 진주를 지날 때까지는 약간 찌푸려 있는 듯한 날씨가 산청을 통과하고 나니 눈발이 뿌리기 시작하더니 함양 휴게소를 넘으니 함박눈으로 온다.
　바람에 눈보라가 고속도로 갓길에 회오리바람처럼 날린다. 바람에 휘날리는 눈을 보며 아주 평안한 마음으로 느긋하게 눈으로 덮여있는 산하의 주변을 마음으로 즐기고 갔다.
　2011년 새해의 첫날이다.
　낮에 한잔한 술이 얼큰하게 올라온다.
　운전대를 잡고 있는 아내에게 느긋하게 운전하라 하니 뒤에서 휴대전화로 무엇인가를 열심히 하던 아들이 묻는다.
　"아버지, 새해 첫날의 눈, 좋은 징조죠?"
　"그럼, 할아버지하고 작은아버지들과 같이 기분 좋게 식사를 하고 가는 길에 신년의 눈이라 앞으로 좋은 일 있겠지!"
　새해의 첫날을 해맞이를 갈까 하다가 올해 91세의 아버지 생신이 1월 4일이라서 생신에 아버지를 뵙기로 했다. 축하드릴 형제는 많으나,

각자 다 멀리 따로 살기에 찾아뵙기 어려워 공휴일인 신년의 첫날 만나 식사를 같이 하기로 했기에 아침 일찍이 전주의 3식구가 김해로 출발했다.

4시간 정도를 운전하고 김해의 아버지 집에 도착하니 1시가 다 되어간다. 간단히 인사를 하고 차를 한잔했다. 두 동생이 처들과 같이 와 있었다. 형들은 각자의 신년 계획이 있어 4일 날에 찾아 뵙는단다. 어느 식당으로 갈까? 의견이 분분하다. 내가 말했다.

"오늘은 내가 살 거니 그리 알고 나가자!"

"형, 어데로 가시려고?"

"오늘은 신년 첫날 만일 문을 열었으면 아버지 좋아하시는 돼지국밥집으로 모시련다. 아버지, 그 유명한 국밥으로 모실 거니 가시죠!"

아버지 "좋다."고 하신다.

절제하는 몸과 마음으로 인생을 살아오신 아버지, 중소기업을 운영하면서도 업무적인 것을 말고는 골프도 어떤 취미도 갖지 않고 수도자적인 마음으로 사업하다가 형에게 70 중반에 사업을 물려주고 명예 회장으로 계신다. 식사도 검소하면서 소식으로 하는 분이다.

김해의 시내 중심에 있는 돼지국밥 전문점, 새해의 첫날에도 영업하고 있었다. 기존 국밥을 하는 식당들은 적당히 지저분하고 덜 깨끗한 집이지만 이 식당은 넓은 주차장과 깨끗한 내부, 모든 그릇의 세련미까지 갖추고 직원들도 간편해지고 보기 좋으며 산뜻하게 느낄 수 있는 복장을 한, 현대식 경영자의 좀 다른 마인드를 읽을 수 있는 식당이었다.

수육과 국밥 그리고 소주를 시켰다.

아버지 "나는 매실주로 한잔하련다." 하시기에 매실주도 한 병 시켰다.

이곳에서 아버지하고 식사를 같이 한 적이 있기에 이곳의 음식을 좋아하심을 안다.

고기에서 전혀 잡냄새도 안 나고 국물도 구수하다.

아버지도 흡족해하시며 술잔을 드신다.

110 세까지 건강하게 사시라고 큰소리로 축하하며 잔을 부딪쳤다.

아버지 "내가 100살을 넘길 수 있을까?" 하신다.

내가 말했다.

"아버지, 그리 어려운 일은 아니잖습니까! 아버지가 한 110살을 사셔야 저도 한 120살을 살 가능성이 많죠. 한번 도전 하십시오!.. 하하하!"

"그럼 한번 도전할까? 하하하."

"예! 하하하!" 하고 형제들과 같이 잔을 부딪쳤다.

식사를 다하신 아버지 한 바탕 큰소리로 웃으시며 말씀하신다.

"술도 몇 잔 하고 이렇게 밥도 한 그릇 다 비우기는 오랜만이다! 하하하."

"올해는 힘내고 사업 잘 하거라!"

하시면서 딴 형제와 달리 내게 여러 번 따라 주시는 술도 여러 잔을 마셨다.

"야! 어떤 좋은 음식보다도 돼지 국밥 맛있게 잘 먹었다."

모두에게 말하며 그 맛에 만족하며 흡족한 표정이었다. 집으로 들어와 차를 한잔 더 하고 이야기하다 갈 길이 멀기에 먼저 일어났다.

91세의 정정한 아버지, 새어머니와 같이 배웅까지 해주신다. 조심히 가라는 형제들과 제수씨들의 인사를 뒤로하고 식당에서 몇 병 마신 매실주와 소주의 취기를 느끼며 처에게 운전을 맡기고 차가 출발하자 얼마 후엔 잠이 들었다.

술도 깼고 머리도 맑은 것 같다.

차창 밖의 고속도로에 날리는 눈발과 이 눈 때문에 새해의 첫날부터 사고가 났는지 차량이 가다 서다를 반복한다.

새해 첫날부터 사고를 당한 마음은 어떨까? 하는 생각을 하며 '91세의 아버지 그리고 나, 옆의 처 그리고 뒷좌석의 아들, 큰 것이 아닌 따뜻한 돼지국밥이면 모두가 더없이 행복하고 좋을 수도 있구나.' 생각하며, 새해에는 '내가 아는 모든 이에게 좋은 일 많았으면…….' 하고 마음속으로 빌어 본다. 그 맛있게 먹었던 국밥의 구수하고 따뜻한 맛처럼…….

'인간적으로 내가 아는 이들의 마음에 흠뻑 적심은 무엇일까?' 생각하며 날리는 눈을 바라보고 왔던 새해 첫날의 길이었다.

적은 규모의 사업을 하는 자의 비애

직원이 50명 수준의 의료기 판매 사업이다. 판매하는 회사이기에 항시 직원들과 나는 열심히 노력해야 한다. 분명 보람도 많은 곳이다.

20년을 열심히 달려왔지만, 앞으로도 열심히 해야 할 일이 많은 곳이다. 직원이 열심히 일하는 것도 꼭 필요로 하지만 열심히 보다는 주변의 경기가 어떻든 일정 이상의 성과가 있어야 살아남는 소 조직이다. 그러면서 장기적인 안목으로 내일을 위한 행보를 해야 하는 사업이다.

끊임없이 고객의 건강과 행복을 위하여, 그리고 직원들의 봉사적인 마음, 그리고 업무의 만족과 조직의 내일을 위하여 즐거운 마음으로 즐기듯이 나아가야 함을 알리고 격려와 적당한 독려를 해야 하는 곳이다. 한두 번의 실적에 만족하지 말고 다음을 위해 만반의 준비를 게을리 하면 안 되는 곳이다.

업무를 즐기면서 할 수 있도록 많은 교육도 필요하다. 이런 조직의 장인 나는 항시 방심하지 않고 넓은 시야와 간혹 직원의 마음을 볼 수 있는 현미경 같은 시야, 어떤 도전도 헤쳐나 갈 수 있는 마음의 여유와 용기 그리고 여러 방향에서 부는 바람에 흔들리지 않고 간혹 들리는 헛소리에 귀 막힌 사람인 양 처신하는 멍청함도 필요하며 나오는 욕지거리를 참고 씩 웃을 수 있는 가식의 여유도 필요로 한다.

잘 나갈 때는 누구라도 잘 가는 법, 잔잔한 호수야 누구나 노 저어 갈 수 있지만 큰 바다의 불어오는 바람 앞에 높은 파도를 넘기고 가는 길은 많은 역량이 없어서는 항해할 수 없기에 오는 난관을 즐길 수 있는 마음과 진정한 역량을 키워야 한다.

세상과 완전히 떨어진 광야에서 겨울을 나야 한다는 것은 겨울 동안 먹고 살 식량의 확보와 추위를 이길 수 있는 거처와 땔감 그리고 물의 확보와 봄이 오면 뿌릴 씨 등……. 내일을 위한 계획이 없으면 장기적인 생존을 하기 어려우리라, 이런 마음으로 내일을 보고 계획하려 노력한다. 요즈음, 적은 사업을 하는 많은 분이 어렵다고 한다.

나도 그중의 하나이다.

봄바람처럼 부드럽고 감미롭고 달콤한 세월은 또 오마하며 다음의 기회로 하고 갔는지 몇 가지 어려움이 따른다. 어려움의 결과로 나타나는 것은 자금의 흐름과 막힘이다.

잘 돌던 자금이 서서히 막히면 인간의 몸에 동맥경화가 와서 많은 병을 불러들이고 대처를 적절하게 못 하면 결국은 쓰러지듯이 제품의 제조와 그에 따른 대금의 결재 등의 문제로 거래처 간의 인간 관리가 어려워진다.

거래처 간의 관계를 철저한 약속의 이행과 상대를 위해서는 적은 양보는 항시 한다는 마음으로 행했기에 많은 세월 동안에 그들의 믿음과 신뢰를 얻고 지내올 수 있었다.

그런데 요즘 고민이 많다. 판매량의 격감으로 움직이는 자금은 적은데 몇 곳의 거래처, 돈의 어려움을 호소하며 되도록 많은 자금의 결재를 바라는 연락이 자주 오는데 쓸 수 있는 자금은 적고 결재해줄 곳은 많으니……

아무리 머리를 굴려도 어려움이 많으니 큰 회사처럼 누적된 쓸 수 있는 자금이 없는 나로서는 능력의 부족과 자금의 부족 그리고 적은 사업을 하는 자의 비애를 동시에 느끼며 어떻게 하면 직원들도 위하고 거래처도 위하고 나의 내일을 위한 지혜로운 결정과 판단 그리고 행동일까를 머리를 짜고 또 짜 본다.

내가 스승을 할 때인가!

나는 어떤 인간적인 배움이나 나의 가슴을 적셔줄 말씀의 필요를 느낄 때가 잦다. 하기에 주변에서 많은 수행을 닦은 스님이나 종교인이 있다는 말을 들으면 그를 찾아가는 경우가 많다.

주변의 어떤 전문가나 박사, 교수 등은 그래도 쉽게 접할 수 있고 어차피 현실에서 같이 뛰는 사람들이기에 소주를 한잔 할 기회가 있으면 같이 한다.

그들과 대화를 하면서 느끼는 것은 길은 다르더라도 추구하고 느끼고 가는 것은 어찌 보면 전문가로 불릴 뿐 별 다름이나 마음의 다름의 경지를 느낄 수 없었다. 그리고 전문적인 방향이 있기에 다른 쪽으로는 약한 면을 자주 볼 수 있기에 실망을 하는 수가 많지마는 그래도 명예와 출세를 위해가는 일반적인 보통 사람의 한 면을 보기에 족했다.

평범함보다는 좀은 다름에서 새로움을 볼 수 있듯이, 삶 속에서 현실과는 떨어져 있으며 어떤 종교적인 사고 속에서 사는 이들에게는 나의 가슴을 시원하게 하는 진리를 갖고 있나 싶어 기회가 닿으면 그들을 찾아 간다.

얼마 전에 자칭 고명하다는 스님, 그리고 유명하고 유명하다는 기독교의 종교 상담소를 운영하는 장로님, 두 분과 연결될 기회가 있어 잠시 업무를 미루고 그들을 한 분씩 찾아가 인사를 하고 말을 서로 나누었다. 그러나 결과는 두 분 모두에게서 실망이었다.

자칭 그들은 어떻게 유명해졌는지, 어찌해서 많은 이들에게 허명을 날리게 됐는지는 모르지만, 오히려 그들이 가진 마음의 깊이도 적고, 그들이 추구하는 학문의 참된 진리도 이해하기 어려웠고 자신들 만의 세계에 빠진 인간의 적은 한 면을 볼 수 있었다. 전체적인 발달이 아닌 기형적으로 발달한 사람의 마음 몇 가지를 보고 들으면서 '참으로 마음의 스승은 찾기가 어려운 것이구나!' 하는 아쉬움을 강하게 느꼈다. 그러니 갈 때는 신나는 마음이, 올 때는 허전하고 허탈하며 무거운 마음으로 왔다. 실망이 너무 컸기에 오는 길에서 생각을 정리해 보았다.

'이 나이에 이제는 스승을 그만 찾고, 내가 보고 듣고 단련된 부분이더라도 나를 필요로 하는 후배나 삶의 허전한 마음에 목말라 하는 젊은이들에게, 갈증이 날 때 시원하게 가슴과 마음을 풀어주는 깊은 계곡의 풍부한 맑은 물처럼 그들의 스승이나 될까?' 하고 생각했다.

연극을 본 후 나와 아들을 보고 느낀다

　동국대학교 영상대학원 공연예술학과에 다니는 친구의 아들이 주연으로 출연하는 '시련'이라는 연극을 이해랑 예술극장에서 보았다. 몇 개월을 열심히 노력한 학생들의 노고를 알 수 있었다.
　전주에서 몇 시간을 눈 쌓인 고속도로를 달려서 갔기에 피곤도 했고 1막의 흐름이 별 재미도 없어서 졸면서 봤다.
　2~3막이 전개되면서 극의 흐름을 읽을 수 있었다. 내용과 배우들의 연출을 보면서 흥미를 느꼈다. 마지막에는 거짓으로 어떤 종교적인 모순된 것을 인정만 하면 살 수 있지만 결국은 자신의 인간적인 명예를 위해 죽는 마지막 장면을 보고 생각이 많았다.
　인간이란 끈질기게 사는 것도 중요하지만, 그 중요한 산다는 것보다 귀한 무엇이 있다는 것을…….
　그 고귀한…….
　그만이 가진 정의가 있다는 것은 참으로 소중한 것이라고.
　과연 나는 어떤 명예나 돈을 버는 것, 출세하는 것, 그리고 누구나 알 수 있고 누리고자 하는 대중적인 것을 제외한 나만의 소중한…….

어떤 이익보다 강한 그 소중한 것이 나의 마음에 있다는 말인가? 하고 나 자신에게 물어보았다.

세속의 어떤 이익보다도 나의 모든 것을 걸 수 있는 하나의 인간적인 사명, 살아가는 기준의 중요성을 봤다.

종교의 무지와 허구······.

인간들의 한계······.

'삶의 중요성이 있는 일에 나의 모든 것을 거는 때로는 외롭고 힘들고 도와주는 이 없더라도 갈 수 있는 용기와 의지가 있는 그 길을 갈 수 있는 인간인가?' 생각했다.

외롭고 힘든 고난의 길이더라도 인간의 보람을 느끼는 길······.

그 길에 바람이 불더라도 마디가 많은 대나무가 강하듯 꿋꿋하게 가야 함이 인간의 고귀함으로 느꼈다.

인간의 정의, 명예를 위해 기꺼이 죽어간 그 고집스러운 숭고한 사고를 흠뻑 느꼈다.

나의 길을 명예롭게 느끼고 힘들더라도 "가자!"하고 입술을 지그시 깨물었다.

오늘 이곳에 온 것은 나의 막내아들이 앞으로 연예계에 진출하려고 그쪽의 고등학교에 간다 하기에, 앞으로 많이 보고 배워야 하는 아들의 시야를 넓혀줘야겠다는 마음으로 이 연극을 보여주러 왔다. 연극이 끝난 후 아들에게 물었다.

"감명 깊게 봤느냐?"

그냥 보통 수준으로 보았단다.

지금은 좀 어린 아들, 이 아들도 2~3년 안에 나름대로 시야와 식견을 갖고 열심히 자기를 만들고 많은 사람 앞에서 자신을 나타내는 인물이 되기를 바란다.

그렇지마는 비겁한 이익보다는 가슴에 자기만이 고집스럽게 가진 어떤 인간적으로 목숨보다 귀할 수 있는 좋은 사고와 긍지 있는 일을 가진 멋진 인간으로 크기를 바랐다.

후회 없는 삶의 시간 중의 하나

　나의 농장에 손님이 몇 분 오셨다. 일차는 술도 마시고 밖의 풍경도 볼 수 있도록 특별히 만들어 놓은 비닐하우스에서 오후 5시에 가볍게 소주로 시작, 이차는 8시 정도부터 본관에서 소주와 막걸리 그리고 맥주로, 나중에는 잘 말려 놓은 꽃차로 밤 2시 넘어 까지 한 열 시간을 오로지 모든 분야의 대화로 보냈다.

　새롭게 온 도각스님의 걸쭉한 말과 참석한 모든 분의 자기만의 색깔을 드러내는 이야기들이 있었다. 앉아서 이야기하느라고 발도 저리고 엉덩이도 통증이 왔으나 앉았다가 일어나고 그래도 불편하면 화장실을 한번 갔다 오면서 다리를 풀고하며 무려 열 시간을 대화로 보냈다.

　인간이 인간을 만나 별로 움직이지 않고 한자리에 앉아 10시간을 대화로 보낼 수 있음은……. 서로가 가슴을 열고 자기의 의견을 기탄없이 말할 수 있고 남의 의견을 들어가며 내 의사를 자연스럽게 내 보일 수 있기에 가능한 시간이라 본다.

　의견의 교류가 안 되는 사람과는 30분 정도 대화의 시간도 참으로 긴 시간임을 많이 느낀 나로서는 오랜만의 긴 토론의 장이었다.

　의견이 통하는 사람과의 대화, 장시간의 대화에도 큰소리 한번 없이 진행할 수 있었음은 상대를 이해하려는 기본적인 마음이 없이는 어렵다. 나의 사고와 다른 말이 나오더라도 그것은 한 인간이 살아온 과정에서 자신만이 느끼고 보내는 시간 속에서 얻어진 마음과 생각이기에 일단은 이해의 마음으로 들으려는 마음이 필요하다.

　이 상대를 이해하려는 마음의 준비 없이는 열 시간의 대화는 절대 불가능하다. 말을 하기 전이나 끝을 내고 상대를 보며 웃을 수 있음이 필요한 것이다. 큰 주제는 없었지마는……. 장시간에 걸쳐 내놓는 여러 가지 말과 의견을 들어보면서 웃음으로 시간을 보내다 보니 같이 생활한 경험이나 보냄의 인연이 없었던 사이였지만 그들의 가슴에 있는 생각이나 각자 마음의 크기를 느낄 수 있었다.

　인간끼리의 대화 시간, 나에게는 소중한 시간이다. 앞으로도 많은 사람과 가슴을 열고 허심탄회한 이야기를 할 수 있는 시간을 위해서 술을 마음껏 내며 밥도 잠자리도 그리고 차도 대접하는 시간을 많이 갖고 싶다. 그런 대화의 시간을 많이 가짐은 나의 후회 없는 삶의 시간 중의 하나 일터이니……. 많이 갖고자 노력할 것이다.

칼바람 소리 들리던 밤에

부는 칼바람 소리에 밤새워 뒤척였네

밤새워 부는 칼바람 소리
여러 생각이 겹쳐 잠 못 이루는 밤에
들리는 자장가이다.

이 밤에 들리는 저 소리마저 없다면
거실의 중앙에 누워
파도처럼 밀려오는 생각의 바다에
멀리멀리 가련마는

들리는 소리
누워있는 곳을 인식하게 한다.

뒤척이는 나의 흐름에

조용히 깨지는 밤의 적막

그래도 조용히 웃어보며

내일을 그려보며 짓는 밤의 부드러운

나의 미소

칼바람 소리를 덮는다.

    잠을 자고 일어났다. 나는 생각이 많은 밤이면 안방에서 자지 않고 거실에서 잔다. 거실의 중앙에 TV를 편하게 볼 수 있도록 이불과 베게와 쿠션으로 자리를 마련하고 TV를 본다. 그렇다고 TV에 몰두하는 것은 아니다. TV를 봐야만 물밀 듯이 오는 생각을 많이 줄여서 생각할 수 있기에…….

    TV를 보다 말다 하면서 머릿속의 생각을 하나하나 정리하면서 생각의 시간으로 여행한다. 이 생각 저 생각에 잠을 자는 듯 깨어 있는 듯한 어중간한 동안에 주방 쪽의 이중창에 맑은 공기 들어오라고 열어놓은 좁은 틈으로 낮에는 들리지 않지마는 밤에만 들리는 칼바람 소리가 들린다.

    고요한 밤의 시간에 들리는 칼바람 소리가 시간이 갈수록 더 크게 들리기에 '일어나 창을 닫을까?' 도 생각했으나 귀찮기도 했고 그 칼바람 소리가 여러 생각에 깊이 빠져가는 마음을 다시 현실 속에 내려놓기에 여러 생각을 하며 틈틈이 그 소리를 들으며 생각하고 생각했다.

생각이 없는 인생이 어디 있으랴? 생각이 인생의 문제를 해결할 수는 없다하더라도 어느 부분을 정리는 할 수 있다. 생각은 고통이 아니라 이렇게 깊은 밤에 어떤 생각을 편하게 할 수 있음은 축복의 하나이리라.

따뜻한 바닥의 느낌을 몸으로 다시 한 번 느껴본다. 추운 날에는 따뜻함이 제일이다. 추워지는 생각에는 따뜻한 생각이 제일이다.

어떤 문제가 있을 때 작고 좁은 식견과 짧은 숨결, 생각으로 바쁘게 허덕이다 그르친 많은 사례와 오는 문제를 흐르는 물의 흐름으로 알고 싶으면서, 가볍게 받아들이고 여유로운 마음속에 나의 흐름으로 만들어 결국은 정진의 단계 하나로 함은 넓고 깊은 큰마음의 슬기로움 일 것이다.

칼바람 소리가 들린다.

몸을 한번 뒤척여본다.

가볍게 눈을 떠 혹시 별빛이라도 볼수 있나 보려다 밤의 어둠의 감미로움이 좋아 감은체 그냥 그대로 있었다.

생각은 많았으나 들리는 칼바람 소리에 부정보다는 긍정을 그리고 어려움 보다 헤쳐나가는 즐거움을 그리며 밤의 안락과 평화를 느끼며 입가에 부드러움 미소 띄우며 잠을 이루어본다.

사주는 밥 맛있게 먹어주는 것 또한 공덕이리라

어느 마음이 천사 같은 아리따운 여인이 찾아왔다.
"요즈음 박부도김 님이 힘들어 하는 것 같아 저녁을 한 끼 산다."
체면 불구하고 같이 갔다. 근사한 야외 식당에서 메기 매운탕에다 소주도 한 병 곁들여서. 나는 남에게 무지하게 술을 잘 사주고 다니는 사람 중 하나인데…….
이렇게 얻어먹으니 그 기분 "삼삼 하더라. 하하하."
좌우간 맛있게 먹었다. 밥도 한 그릇 먹고 술도 한 병 더 추가해서 반을 더 먹고 먹으면서 그녀를 언뜻 보니 평소보다 더 예뻐 보인다. 확실히 소금 먹은 놈이 물을 먹는다 하는 속담이 맞는가 보다.
"오랜만에 맛있는 저녁 잘 먹었다. 앞으로 복 받을 겨."
식사 후 가는 그녀에게 고맙다는 말 대신 웃으며 말했다.
그리고 가는 그녀 뒤에다 오래오래 손을 흔들어주었다. 그리고 복도 많이 받으라고 마음속으로 축원도 해주었다.
앞으로 나에게 밥 잘 사주는 사람 특히 여인은 복 많이 받을 거다.
그리고 사주는 밥, 맛있게 먹어주고 가는 그녀에게 "복 많이 받아라!" 하고 바라는 나도 괜찮은 사람 아닌가!

한계

한계!

사물이나 능력, 책임 따위가 실제 작용할 수 있는 범위 또는 그런 범위를 나타내는 선.

사람의 능력에는 분명 한계가 있다. 그 한계가 사업적인 한계 일 수도 있고, 체력적인 한계 일 수도 있고, 어떤 애정의 한계 일 수도 있으며, 계절의 한계 일 수도 있다.

우리는 인간이기에 간혹 누구나 그 사람이 느끼는 한계가 분명히 있을 것이고 하루에도 몇 번씩 어떠한 한계에 부딪히고 살다 보면 자연히 자신에게 주어진 한계 안에서 생활하게 되는 것이 아닌가 싶다.

보통의 우리는 나의 주머니 한계에서 계획된 지출을 해야지……. 그 한계를 무시한 지출을 하면 반드시 개인이나 조직은 망하리라.

애정도 사람에 따라서 갈 수 있는 한계가 있다. 그 한계를 무시하면 또 한 많은 어려움이 따르리라.

부부의 한계, 연인의 한계, 부모와 자식 간의 한계, 보이지 않는 운명의 한계…….

나는 간혹 '운명이 나에게 어느 정도의 한계를 주었나?' 생각한다. 어느 선까지가 성취의 한계인가를……

인간이기에 그 한계의 선을 정확하게 느낄 수는 없지마는 어렴풋이 어떤 한계를 적당히 느끼고는 있다. 그러나 그 한계는 선으로 그어진 것이 아니기에 도전을 불태울 때도 잦다.

내가 갈 수 있는 선까지 가느냐? 마느냐? 는 결국은 자신이 어느 곳에 선을 긋느냐가 중요할 것이다.

그 한계를 빨리 알아 행동함이 현명함일까? 아니면 한계를 적당히 모르는 우둔할 수도 있는 용기로 부딪힘이 나을까? 그러나 분명한 것은 그 한계를 일찍이 깨닫고 그 안에서 안주하는 것보다는, 끊임없이 어느 한계에 부딪히는 그러므로 그의 한계를 조금씩 넓힐 수 있는 도전과 용기가 좀은 힘들더라도 보다 더 나은 인생이 아닐까 한다.

좀 더 빠른 체념으로 자신의 한계를 알고 종교나 무력감의 속으로 들어감도 욕할 수는 없으리라. 분명 종교는 인간의 한계가 있기에 그 위에 자라는 나무가 아닐까?

내 주위를 감싸고 있는 여러 가지 한계를 느끼며 그 한계를 넘는 현명함은 무엇인가를 생각한다.

남강을 거닐며 아쉬움에 가슴 아파한다

　대전에서 부산을 가는 길이었다. 차를 갖고 고속도로를 달리다 진주 부근에 왔을 때 예전에 좋은 사람과 같이 진주에서의 추억이 떠올라 진주성이 바로 보이는 강변 주차장에 차를 세웠다.
　20여 년 만에 바라보는 진주성, 더 가꾸어진 모습으로 보인다. 논개가 왜장을 껴안고 강으로 떨어진 바위도 보인다.
　왜적과의 몇 번의 전투에서 수만의 사상자를 내던 진주성, 흐르는 강물에 무심히 그 모습이 비친다.
　좋은 역사이던 치욕스러운 역사이던 시간의 세월 속에서는 그렇게 강물처럼 흐르는 가 보다. 겨울이 깊어가는 12월이지만 날씨는 가을 날 같다.

　우리나라를 가볍게 다니다 보면 영광의 역사보다 슬픔의 역사가 많다. 우리의 조상이 약했기에 상대를 침략한 역사는 아주 적고 타국에게 맞고 당하고 눈물이 나는 어찌 보면 수치스러운 역사의 한 장이 되는 부분이 많다.
　저 보이는 진주성에서 살기 위해 부르짖었던 함성보다 이런 치욕스러운 역사를 우리가 가까운 일본이나 중국에 가서 공격의 함성을 지르는 역사를 왜 우리 민족은 갖지를 못했을까?
　대나무 숲으로 가는 길에 노란색의 단풍이 아름답다. 은행잎의 노란색을 닮은 단풍잎, 겨울의 한가운데에서 그 빛, 금보다 더 노란색으로 대나무 앞에 서서 오는 길손을 반긴다.
　유유히 역사의 밝음과 어둠을 안고 흐르는 남강.
　남강에 비치는 진주성과 푸른 하늘 잘 닦여진 산책로와 걷는 나.
　천국의 길도 이보다 더 좋을 수는 없을 것이다. 쭉 뻗은 아름다움을 보이는 대나무, 이 따뜻한 겨울에 대나무 숲을 걷노라니 뉘 부르는 소리 들리는 것 같다. 젊음을 다 보낸 여인도 잘 가꾸면 그런대로 봐 줄 만한 곳이 있듯이 가는 가을도 조금은 남아 가는 시간에 그 아름다움을 보이고 있다.

간 세월을 보상이라도 받듯이 잔뜩 바르고 치장을 한 여인을 보듯이 남은 그 밝은 색을 보며 여인의 젊은 날을 그려보는 마음으로 시간의 흐름에 짙은 아쉬움을 느끼며 본다.

아름다운 단풍이여!

너를 보며 내가 아쉬워한다. 아름다웠던 날들을 그리며…….

앙상한 어린 느티나무를 보며

여름에 무성한 나뭇잎이 풍성했던 좀 어린 느티나무를 바라본다. 아직 열심히 커가는 나무이기에 여름에는 그 잎의 풍성함이 좋았었다.

농장의 젊은 느티나무는 겨울을 준비했나? 여름날의 무성한 그 잎 하나도 없이 가지만 앙상하다. 앞으로 백 년을 더 커질지 천 년을 더 커질지 모르는 꾸준히 커가는 나무도 겨울에는 잎 하나 남기지 않고 앙상한 가지로만 이 겨울을 난다.

겨울이라는 나무에는 어려운 시기인 난관을 만나서 최대한 소비를 줄이고 시기를 참다가 언젠가는 다시 따뜻해지는 봄날이 오면 잎 피려 몸을 움츠리고 낮추고 있다.

때를 알고 시기에 순응하는 길만이 생존의 길이라는 것을 자연은 안다. 자연은 참고 기다리면 봄날이 온다는 것을 안다. 그들은 지면 또 피고 피면 또 진다는 것을 안다.

사람도 자연의 하나이기에 피면 지고 지면 또 피어날까?

아니다!

오는 봄이야 몇 십 번을 계속 맞이할 수는 있지만 사람의 진정한 계

절은 한 번의 변화뿐이지 아니한가!

　꽃피는 봄날과 무성한 성장의 여름과 그의 젊은 날의 인생 결과가 단풍처럼 물드는 가을과 결국에는 지는 겨울을 만나듯 그렇게 일생이 흐를 것이다.

　그 푸르렀던 생명의 환희, 바람에 날리며 무성한 그 잎을 자랑했던 젊은 느티나무가 앙상함 드러내며 서 있는 모습을 보고 인생의 한 단면을 본다.

　모든 것이 태어나면 지는 것이지만 내일이 있기에 다시 피는 봄이 있기에 잠시 잠드는 것과 진정으로 한번 피었다가 지는 인생은 어떻게 다른가. 맑고 푸른 하늘과 어디론지 달리는 분주한 차들이 멀리 보이는 황량한 농장에서 인생의 덧없는 삶의 시간을 생각한다.

황산벌과 계백 장군의 묘소를 찾아서 걷는다
[계백 장군 영정을 모신 사당]

 죽기로 작정하고 가족을 자신의 손으로 처단하고 나간 장수, 처자를 죽이고 전쟁터에 나간 비장한 계백장군의 명령을 듣는, 역시 죽음 앞의 오천여명의 결사대들. 결국 오천명의 군사 모두가 신라군과 싸우다 마지막 한 명의 군사까지 피어있는 들꽃이나 잡초 위에 피를 뿌리며 쓰러졌던 전쟁이 황산벌 전투다.
 싸움의 시작 전에 가족을 죽이고 전쟁터에 갔으니 전혀 살 마음이 없었고 어떻게 죽을까를 생각하고 싸웠을 전투이리라.
 무릇 모든 역사의 기록은 흥망성쇠를 열거한다.
 이 황산벌 전투의 역사는 망해가는 고대의 한 국가의 마지막 몸부림의 기록이리라. 비장한 함성이 메아리쳤을 이곳에 나 천천히 걸어본다. 여름철의 전투라 땀도 많이 나고 더웠을 것이다. 오천 명으로 꼭 오만 명에게 정면으로 부딪치는 방법밖에 없었을까? 그것도 별 높지도 않은 구릉 정도의 확 트인 평야에서 왜 오만명의 적군과 전투했을까?
 이곳에서 사비성인 부여까지는 몇 키로밖에 떨어지지 않은 거리다.

위치적으로도 별 난관의 길도 없는 평평한 대로나 마찬가지다. 이곳에서 주력 부대가 쓰러졌으니 수도 부여까지 적을 막을 방법이 전혀 없었을 것이다. 하기에 황산벌 전투는 마지막으로 백제인의 처절한 기백을 보인 전투였을 것이다. 꽃잎처럼 아름답게 지는 결사대의 처절한 아픔도 좋겠지마는 피는 꽃의 아름다움을 보면 알듯이 그 생명의 환희를 보여주는 면을 왜! 백제의 역사에는 없는가?

이곳에서 나고 자랐기에 자연스레 백제의 역사를 접할 기회가 많았지만 호탕함의 기록보다는 어떤 힘없는 여인의 삶의 고난사를 보는 것 같은 역사의 기록에 안타까움의 마음이 들 때가 많았다.

오로지 죽음을 생각하고 1%의 승리도 기대를 못 하고 싸웠던 전투, 그 암울했던 전쟁터를 천천히 걸어보며 이 안에서 어떠한 것을 가슴에 넣을까를 생각한다.

결사대의 비장함을 안고 살기는 싫다.

결국 패배밖에 없는 전투를 하기는 싫다.

어떤 선택권도 없는 결국 죽는 도리밖에 없는 길을 억지로 강요받을 수밖에 없는 것 같은 상황을 만드는 우를 범하고 그것을 길로 아는 우매함을 항시 떨치는 길은? 이기는 것도 알고 패함의 처절함도 아는 것이 또한 삶의 공부가 아니겠는가!

옛날의 처절한 함성과 그 깊었던 신음 흩어져 저 허공 속에 실려 오랜 세월 흐르고 흐르다 많은 세월이 지난 오늘 바람이 되어 걷는 동안 내내 조용히 내 곁을 따른다.

무엇인가가 그리운 밤에

한잔을 하고 숙소에 들어왔다. 집과 다르게 직업의 특성상 대전에 숙소가 있다. 간편하게 씻고 편안하게 잠을 자고 다음날 업무를 연결할 수 있는 나에게는 마음을 놓을 수 있는 공간……. 일주일에 두세번 사용하는 나만의 공간이 나의 숙소이다.

나만이 사용하기에 자다가 일어나 자유롭게 무엇이든지 할 수 있고 주변을 살피지 않고도 불을 켰다 꺼도 되는 자유로운 공간이다. 한밤에 일어나 앞일을 구상도 하고 밀려오는 어려움을 어떻게 처리해야 하나를 생각하는 공간이기도 하다.

요즈음 주변의 분들이 모든 것이 어렵다 한다. 나에게도 누구에게도 말 못 할 어려움이 벌써 몇 달 전에 닥쳐와 쉽게 떨어지지 않고 나를 적당하게 골탕을 먹이고 있다.

산다는 것은 난관이 끊임없이 오고 그 오는 난관을 어떻게 넘느냐의 연속이 인생이라는 생각을 하고 그렇게 지내는 오지만 내가 역량이 부족한가? 닥쳐오는 난관의 파도가 높은가? 하는 생각을 할 때가 있다.

지나간 높은 파도를 아무리 슬기롭게 잘 넘겼다 하더라도 새롭게 다가오는 파도를 잘 넘기지 못하면 그도 분명한 하나의 능력 부족의 표시이리라.

사람도 역경을 잘 견딘 자가 분명 역경을 모르고 지내는 자 보다는 하나의 난관을 넘을 때마다 그의 가슴의 역량은 커지겠지만, 그 난관을 넘고 나면은 별 어려움도 아니겠지만, 그 난관과 부딪치고 있을 때는 그 난관이 크게 보이고 넘기에 땀을 좀 흘릴 때가 있다.

요즈음이 그러하기에 좀 더 깊은 호흡을 하고 좀 더 넓고 상황에 따른 올바른 판단과 선택을 하려고 한다. 그러기 위해서는 눈을 되도록 편하게 뜨고 현안 문제를 감정이 없고 치우치지 않고 있는 그대로 보려고 한다.

아무리 어려워도 기회는 있고 아무리 난코스의 문제라도 해결책은 존재하는 법, 이 어려움도 나를 단련하는 하나의 코스로 알고 매듭을 풀듯이 하나하나 풀어야지, 성질 급하게 조급하게 풀 수는 없는 것…….

스님이 명상을 통해 자신을 수련하듯 나도 명상을 해본다. 좌우간 어떤 해결책이 있겠지……. 그 어떤 무엇인가가 그리운 밤이다.

인간의 봄 날

춥지도 덥지도 않은 봄날에 한잔하고 왔다. 바람도 싱그럽고 날씨도 몸에 느끼는 온도도 상쾌하기에 기분 좋게 마신 술이 즐거웠다. 같이 마신 친구들 모두 "아, 좋은 봄날이여!" 한다.

계절은 6월이다.

이렇게 우리 인간들이 쾌적함을 느끼면서 보낼 수 있는 시간도 그리 많지 않으리라. 우리가 느끼는 행복이 무엇일까? 신을 통한 행복일까? 자신이 느끼는 보람이 행복일까? 나 역시 마신 술의 뒤 맛이 좋았기에 친구들과의 마셨던 사람, 이것도 행복의 큰 것 중 하나이리라 느끼지만, 걷다 보면 묘하게 어떤 쓸쓸함과 허전함이 같이 가슴에 밀려옴을 느낄 수 있다.

이런 감정의 흐름은 나만의 느낌인가? 대부분 사람의 느낌인지는 모르지만, 누구나 간혹 허탈과 왠지 모르게 비어있는 가슴의 허전함을 느낄 수 있으리, 바라보는 밤하늘에 가슴을 묻고, 부는 바람에 산다는 외로움에 가슴 떨리는 어느 아픔에 목말라함은 왜일까?

어떤 시간이 보이지 않게 흘러 마음을 깊게 만족시킬 부분은 인간에게 적기에 간혹 눈을 들어 먼 하늘을 볼 수밖에 없다. 삶의 어느 부분에 발을 옮겨 보지만 인간이기에 완전한 행복은 느낄 수 없기에 그때그때의 순간적인 행복의 여러 행위가 행복의 잣대의 큰 흐름이리라.

조그마한 것에 만족해하고, 밀려오는 변화의 흐름에 몸을 맡기고 승패의 냉정함에 가슴 아려하면서도 눈물을 삼킬 수 있음이 인간으로서의 하나의 모습이라. 삶의 시작은 무엇이고 그의 끝은 무엇이란 말인가? 걷는 밤길에 그런 의문을 조용히 가슴에 물어본다.

시원한 바람 부는
별이 보이지 않는 밤의
쾌적하고 싱그럽게 부는 바람
가슴 깊이 넣고 외롭게 걸어 보는
늦은 밤에 밤길 걷는
인간의 봄날이다.

내 운명의 바다

나는 일요일이면 혼자 차로 백운산을 넘어 달리는 때가 잦다. 이 백운산을 넘어 서상으로 가는 길은 겨울에 눈이 조금이라도 내리면 통행이 차단되는 곳으로 대략 30여 분 차로 이 길을 갈 때 산 정상을 넘을 때까지 상대편 길에서는 마주 오는 차를 잘해야 한 대 아니면 한 대도 마주침이 없다. 그래서 이 길이 나의 길인 것처럼 혼자서 많은 생각을 하면서 달리기는 최적의 길이다.

오늘은 깊어가는 가을에 산들의 변화가 두드러진다. 대부분의 단풍은 다 지고, 소나무를 제외한 침엽수들이 노란색으로 마지막으로 가을 산의 상징인 양 산의 부분 부분을 장식해 장관을 이루고 있다. 이런 보기 좋은 자연의 풍경을 보면 참으로 혼자 보기가 아깝다는 생각이 든다.

또 다른 반대의 생각도 해본다. 혼자이기에 이런 자연의 아름다움을 제대로 생각하면서 보는 거다. 만약 옆에 누군가가 있으면 얻는 것이 있으므로 또한 잃는 것도 있으리라. 자연은 아름다운 것인가? 아름다운 자연이 좋은 것인가? 나 혼자 잘 짓는 미소를 자연에 날려본다.

우주는 무한하다. 어느 면으로 자연의 조화로움은 우주의 축복이다. 하나의 인간으로 유한하게 태어난 언젠가는 가겠지만, 경우에 따라서는 산다는 것이 절대 쉽지 않은 여정이지만, 이 가는 길에 자연의 아름다움을 볼 수 있다는 것은 곧 삶의 즐거움이리라.

가을 하늘을 보니 그 푸르름이 넓고도 깊다. 우리가 가는 운명의 바다 같다. 이 끝이 없는 무한한 우주의 운명의 바다, 그 바다를 저어가는 나는 몇 톤의 배일까? 거대한 항공모함은 아니요, 대형의 유조선도 아니요, 또 한 장엄한 구축함도 아니리라. 100톤일까? 500톤일까? 아니면 몇 천 톤? 아니 100톤이면 어떻고 100만 톤이면 어떠리. 이 무한한 우주의 눈으로 보면 1,000만 톤의 배도 우주의 먼지 정도에 불과하리라. 아무리 눈을 크게 뜨고 봐도 절대 보이지 않으리라.

그러나 아무리 작아도 운명의 바다를 가는 배, 그 속에 하나가 나다. 알 수 없는 우주의 조화로움이 있기에 이 한적한 산길에서 운명의 바다를 볼 수 있지 않을까? 보이는 모두가 내가 가는 내 운명의 바다이리라.

그래서 나는 내 운명의 바다를 좋아한다.

행복한 사나이 아닌가!

가을이 가볍게 왔는가 보다.

간밤에 늦게까지 술을 마시고 푹 자고 늦게 일어났다. 추석 직전의 날이라 손님도 오지 않을 것 같아 아주 편한 마음으로 슬리퍼를 신고 반바지에 위에는 가벼운 겉옷을 입고 슬슬 걸어봤다. 애견 조조도 뒤따라 붙는다.

복장이 주는 편안감.

나의 주변을 감싸고 있는 어떤 보호막을 걷은 듯이 살랑살랑 불어오는 바람에 피기 시작한 코스모스가 흔들리고 있고 습도가 약해진 공기의 상쾌함이 가슴 깊이 들어온다.

발에 밟히는 굵은 모래의 감촉도 사각거리는 깍두기를 먹는 기분이다. 밤나무도 밤이 익어 가는지 밤색을 띠는 밤송이들이 많이 보인다.

모든 것을 잊어버리고 털어 버리고 이렇게 편한 마음으로 보낼 수 있는 이런 공간을 갖고 있음에 새삼 그 무엇인가에 고마움을 느낀다.

몸, 마음 건강하지, 주변에 좋은 사람, 좋아할 사람 많지.

그리고 나를 좋아하고 사랑하는 사람들 많지.

그리고 마실 술 창고에 쌓여 있지.
찾아와 같이 술 마실 지인들 많지.
작은 문제야 끊임없이 오지만,
시련의 풍파 없는 인생이 누구랴?
이 시간 이렇게 걷는 나는,
그래도 행복한 사나이 아닌가?

제 4 장

어떤 선택

사람의 그릇

　인간을 통해 즐거움을 느끼는 경우도 많지마는 인간을 통해 실망하는 수도 많다.
　왜 인간이 생각하는 범위의 기준은 비슷하게 살기에 그리 크게 차이가 나지 않을 진대 현실에서는 그 차이가 너무 큼을 절실히 느낄 때가 많다.
　높은 곳에서 우리가 사는 곳을 본다면 개미가 집단으로 어울려 각자의 일을 하면서 살듯이 인간도 어우러져 얽히고설키며 서로 부딪치며 살기에 그 차이가 별로 크지 않을까 하다마는 하나의 사물을 놓고 인간의 판단 기준은 극과 극으로 선명하게 달라진다.
　하나의 행위가 한편의 눈으로 보면 정의요, 양심이지만 한편의 눈으로 보면 좌익이요, 빨갱이요, 국가를 팔아먹는 역적들로 갈라진다. 그리고 살아감에서 나의 판단 기준과 달리 다른 사람의 판단 기준이 너무 다를 때 그 차이에 머리가 멍멍할 때가 있다.
　내가 생각할 때는 분명하게 갈 길이 저 길인데……. 그의 판단은 전혀 다른 길을 선택하고 씩! 웃으니 그 차이는 지구와 달의 거리보다도 더 큰 차이일 것이다.

　종교도 내가 믿는 신만이 제일이기에 이 신을 선의적으로나, 타의 적으로나, 미련해서나, 아직 접하지 못했더라도 이단이요, 적이요, 용서할 수 없는 상대가 되는 것이 아닌가? 자신이 아는 종교적인 진리만이 제일이라며 막무가내로 이야기하는 그들을 볼 때도 속이 멍멍하다.

　무엇이 인간을 그리 단순하게 만들 수 있나를 생각하게 한다. 인간이기에 인간 속에서 더불어 살아가야 하는데……

　무엇인가가 너무 같으면서 다른 나의 주변에 가까운 사람들을 볼 때에 심히 답답함을 느낀다. 다들 보내는 시간은 같을 진대 가슴에 사고의 차이에 따라 아주 기분이 좋은 상대일 수도 있고 보기만 해도 기분이 상해지는 상대일 수도 있으니 그 차이에 가슴이 아프다.

　그것도 서로 사이가 좋아야 하는 가깝게 있고 자주 보아야 할 상대가 그러면 인간적인 슬픔이 든다. 나에게 무엇이 인간을 다르게 생각하게 하며 색다른 행동을 하며 그 마음의 행동의 그릇이 달라보이게 함은 무엇인가?

　그렇다고 같은 사고를 하는 사람끼리 비슷한 그릇 끼리 모여 사는 삶이 행복일까?

　서로 다르기에 다른 그릇끼리 부딪치며 사는 것이 좋은가?

　어떤 큰 그릇이 모두를 안고 감이 좋은가?

　이 생각 저 생각을 해보며 식탁 앞에 여러가지 그릇을 보며……

　인간의 그릇을 생각해 본다.

나의 열렬한 팬에 기뻐하며

　예쁘고 아주 날씬한 몸매였다. 상냥하고 재치도 많고 말도 잘했다. 애교도 철철 흐른다. 30대였다. 딸만 세 명이란다.
　이런 어여쁜 젊은 여인과 아는 분 몇하고 같이 산에 갔다. 처음 보는 사람들과 30대로는 갖추기 어려운 상냥한 사교능력으로 이른 시간에 친숙해져 서로 부담 없이 웃고 이야기한다.
　비 온 뒤의 가을날이었지만 날씨도 걷기에 아주 좋았다. 싱그러우면서도 상큼한 공기의 냄새가 걷는 내내 곳곳에 있었다. 코스도 산책길과 같은 완만한 길이라 서로 이야기하면서 걷기에는 아주 좋았다.
　일행의 한 분이 물었다. 제일 젊은 여인에게
　"어떻게 오늘 등산모임에 오시게 되었나?"
　"예, 제 이름은 숙희고요, 박부도김 선생님 글을 좋아하는 열렬한 팬이라서 이번에 왔어요."
　"무엇이……, 박부도김의 책이 그리 좋으셨나?"
　"예, 책이 어렵지도 않고 너무 진솔한 인간적인 이야기를 산문의 형태로 썼기에 편하게 감명 깊게 읽었고, 3번째 책은 항시 저의 집 거실

TV 옆에 놓고 기분이 울적할 때나 어떤 감정에 움직임이 있을 때, 그 감정에 해당하는 목록을 찾아 읽고 또 읽는 열렬한 팬이랍니다. 호호호."한다.

옆에서 걸으며 그 소리를 들었을 때 기분이 좋았다. 나 비록 유명한 작가는 아니지만 그래도 내가 쓴 글을 읽고 감명을 받았고 나의 책을 주변에 놓아두어 수시로 반복적으로 읽고 있다니…….

이렇게 고마울 수가!

작은 영광이지마는 하나의 글을 쓰는 작가로서 내 글을 이렇게 열심히 읽어주고 감동을 하는 독자가 있음은 그 수가 적더라도 작가로서 얼마나 영광된 기쁨인가!

일행과 웃어가며 나의 글을 가지고 대화를 하는 그 모습이 참으로 아름답다.

나도 듣기 좋은 소리나 아첨하는 말에는 약한가 보다.

적지만은 이런 분들을 위해서라도 좀 더 나의 역량을 발휘해서 더 나은 글을 앞으로 발표해야겠다.

얼마 전에 연락이 온 여류작가가 보낸 찬사가 떠오른다.

"박부도김 작가님의 글을 읽으면, 길을 가다가 가로막히고 굴절된 길을 빠져나가는데 도움을 줍니다. 희망과 용기를 주고 지름길을 가르쳐 줍니다. 다운된 에너지를 끓어 올려 줍니다. 긍정적 마음을 갖게 합니다. 빤히 보이는 내숭이 없고 솔직합니다. 누구 눈치를 안 보고 당당합니다. 좋으면 좋다고 아프면 아프다고 말합니다. 박부도김 작가님의 글을 읽으면 반드시 얻어 가는 것이 있습니다."라고.
 어떤 유명한 작가의 글보다 어떤 문학박사의 글보다도 경우에 따라서는 내 글을 좋아한다는 말! 이처럼 작지만, 이분들을 위해서라도 다시 한 번 좋은 글을 쓰자는 마음을 다지며 늦은 가을날의 정취가 물씬 풍기는 평안한 산책길 같은 산길을 걷다 왔다. 그날따라 하늘이 더 좋은 것 같았다.

계족 산성에 서서 세상을 생각하다

계족 산성에 서서 대전 시내를 내려다보았다. 대전의 한 변두리에 있는 이 산성은 삼국시대에 백제의 부흥군들이 사용했다고 추정하는 성이다.

가는 가을의 마지막의 색들이 늦가을의 색을 발하고 있다. 간밤에 내렸던 비의 덕인지 공기의 냄새가 아주 상쾌하게 가슴을 적신다. 푸르고 짙은 갈색으로 물들어 가는 나뭇잎의 색들이 얼마 남지 않은 가을을 화려하면서 왠지 모르는 가벼운 쓸쓸함으로 수 놓고 있다. 그리고 낙엽들은 이미 차가운 가을바람에 날린다. 멀리 보이는 대전의 도시 모습이 보인다. 열심히 주어진 각자의 시간을 보내려는 움직임이 보이지 않을 뿐 이곳에서도 느껴진다. 많은 사람이 자기만의 시간을 보내기에……

나는 여기 산성에 있지만 누군가는 저 아파트의 거실에서 편하게 누워 TV를 보는 사람도 있고 웃는 사람도 있으며 고통에 우는 사람도 있으리라.

세상에는 좋은 사람도 있으며 싫은 사람도 있고 만나면 기쁜 사람도 있으며 짜증이 나는 사람 또한 있다. 많은 사람 중에 나와 좋은 인연의 사람들은 누구며, 내가 피해야 할 사람의 인연은 누구며, 내가 좋은 쪽으로 이끌어 갈 사람은 얼마나 될까? 그리고 얼마나 많은 사람에게 나의 노력으로 그들에게 좋은 것을 줄 수 있을까? 분명히 가고 있는 길이지만 인간의 눈으로는 정확히 볼 수 없기에 하늘에 그 길을 그려본다. 붕어가 놀 개울도 있고 잉어가 노는 강도 있으며 고래가 사는 바다도 있다. 붕어가 바다에서 놀 수가 없듯이 고래 역시 강에서 살 수가 없다. 자신에게 알맞은 그릇을 알아 그 속에서 사는 것이 행복이 아닐까? 어항에서 크는 물고기가 삶의 숨 막히는 변화무쌍한 강에 버려진다면 물고기의 불행이라 본다. 따라서 인간의 행복도 하나의 정해진 틀이 있는 것이 아닌 사람에 따라 변화되는 물 같은 공기 같은 것이 아닐까? 이 좋은 가을날에 산성에서 바라보는 하늘은 비록 크게 맑지는 못해도 그런대로 밝다.

    세상의 번뇌……. 아니, 나의 가슴에 있는 여러 생각을 가슴에 누르고 보이는 하늘과 가을날의 자연에 잠시라도 동화되고 싶어 멀리 본다.

    부는 바람 얼굴에 스쳐 가듯이 나의 시간 산성의 바람과 같이 날려 흐른다. 그 너머에 나의 꿈과 희망 우주 속에 꽃피려 허공에 가득히 날린다.

적은 일에 열 받다

어머니 살아생전에 나에게 이런 말을 자주 하셨다.

"아들아, 너는 성질만 잘 관리하면 큰 사람이 될 것이니 화내지 말고 성질을 잘 다스려라."

평소의 생활 속에서 욱 하는 기질을 갖고 있다 보니 화를 참지 못해서 손해 보는 일이 자주 있었다. 이러면 안 되겠다 싶어서 되도록 울분을 느끼는 일이 있더라도 많이 참고 살자 하는 생각을 자주 했다.

나의 '욱' 하는 기질을 죽이고 인내로 살기 위해 여러 가지로 노력을 했다. 호흡을 길게 하고, 성질이 나더라도 속으로 다섯까지 세면서 참았고, 화를 내는 일도 동전의 양면성이 있듯이 보이지 않는 뒷부분서 무엇일까를 생각했고, 내가 서명하는 싸인 글자도 참을 인(忍)자로 했다. 성격에 맞지 않으면 발끈하는 기질을 열심히 노력해 고쳤다고 생각했었다. 그런데 아직은 멀었다는 생각을 할 수 있는 일이 오늘 오후에 있었다. 거래처의 한 사람에게 전화가 왔었다. 아직은 정식적인 거래를 한 것은 아니지만, 어느 분의 소개로 알게 되었고 내가 한 일주일 후에 한 번 정도 방문을 하겠다고 가볍게 이야기를 하고 바쁨을 핑

계로 잊고 말았었다.

"일주일 후에 한번 오겠다 하고 왜 안 오느냐? 많이 기다렸는데……."

"아, 그랬습니까! 나는 정식으로 약속을 한 것도 아니고 바빠서 잊었는데 미안합니다."

"그래도 나는 기다렸는데……." "바쁜 일 때문에 잊었으면 중간에 한번 연락을 주시지!" "내가 부탁할 것이 있어 기다렸는데……."

"아! 그러면 왜 전화를 안 하시고, 미안합니다. 그리고 전화로 될 일 같으면 전화로 먼저 말씀하시지요." 그러자 이 사람 하는 말이

"나는 이렇게 말을 돌려 하는 사람을 젤 싫어하는데……."

"아이고 미안해라. 하하."

또 다시 나는 미안하다는 말을 하였건만, 그래도 이 사람 몇 번이나 같은 말을 반복한다.

"말 돌려 하는 사람 아주 나는 싫어한다."

속으로 은근히 화가 나기 시작했다. 정식적인 약속도 하지 않은 일이고, 또 한 번도 만난 일도 없고, 한 번의 거래도 없었던 사람이고 그리고 내가 필요하면 중간에 한 번 정도 나에게 전화를 하든지 하지 일면식도 없는 사람이 일방적으로 사과하는 나에게 그는 말을 돌려 이야기하는 사람은 제일 싫다고 반복적으로 이야기하다니……. 내가 약속을 우선으로 하며 살고 약속은 반드시 지키는 신용의 사나이라 자처를 하고 사나이의 명예를 중요시하고 살고 있는데 일면식도 없는 사람이 나 같이 말하는 사람은 자기가 제일 싫어한다고 하니 기분이 나빠졌다. 기분이 나빠졌지만 좋게 풀려고 부드럽게 대화를 이끌고

나갔다. 상대가 말한다. 자기는 자기를 도울 것인지 'YES', 'NO'로 잘라서 말하는 것이 좋지 나처럼 말을 돌려 말하는 사람은 제일 싫다고! 'YES'인지 'NO'인지를 선택하란다. 기분이 아주 나빠졌다. 나의 도움을 필요로 한 그 사람이 어느 부분이 필요하고 그것을 기대했더라면 중간에 전화라도 한번 했어야지 정식적인 약속은 하지 않았더라도 시간이 나면 한번 갈리다 했다고 그래도 미안한 기분이 들어 사과하는 나에게 몇 번 반복적으로 그런 사람 싫다고 하니 기분이 잡쳐졌다. 속에서 무엇인가가 끓어올라 말했다.

"당신 나하고 한 번도 만난 사이도 아닌데 지금 나에게 시비를 거는 겁니까?"

"사장님! 지금 나에게 당신 했습니까?"

그 또한 신경질적으로 대답한다. 나는 그동안 전화로 대화를 이끌고 나가면서 화를 참았지마는 더 가면 무엇인가가 거칠어질 것 같아서,

"지금은 더 통화하지 맙시다. 나중에 통화합시다!"

일방적으로 전화를 끊었지만 속으로 화가 치밀어 왔다. 휴게소에서 차를 세우고 한 통화였다. 차창을 통해 한참을 하늘을 보았다. 흐린 하늘에 회색과 옅은 검정의 구름이 뒤엉켜 흐른다. 시간이 좀 지나자 후회스러웠다. 별것도 아닌 상대의 말에 열을 낸 것 같아서 이 나이에 아직도 상대의 어떤 말에 열을 받는 내가 삶의 훈련이 덜 된 좀 작은 나를 보는 것 같았다.

우주는 무한할진대…….

언젠가는 이 우주의 티끌이 될 텐데…….

이 적은 것에 열을 받음은 아직도 길길이 멀다는 이야긴가!

어떤 선택

무엇인가를 잡기 위해 대상을 찾고 있다.

요즈음 사업적으로 어떤 어려움의 연속이기에 변화로써 헤쳐 나아가리라 생각을 하며 변화의 줄기를 잘 잡아나가려 하고 있다. 따라서 그 방향에 알맞고 옆에서 누구인가가 날 도와서 내가 슬기롭게 잘 나아갈 수 있도록 도와 줄 수 있는 인물을 선택히는 일은 내가 잘하고 있는 일인가를 깊게 생각해 보았다. 그러나 간혹 확신보다는 안개 속을 걷는 것 같은 기분이 들 때가 잦다.

누구 못지않은 시련 속에서 단련했고, 느긋하고 강한 심장으로, 가슴의 흐름도 누구 못지않은 정확한 판단력으로 주변의 흐름을 잘 읽을 수 있다고 장담은 하지만 미래의 일이기에 온 힘을 다하면서 틀린 부분이 있으면 빠르게 방향을 정정할 각오와 마음을 갖고는 있지만, 간혹 답답하게 오는 시간을 피할 수는 없다.

나 자신 주변에 간혹 말한다.

"고난의 시간을 잘 넘어가는 사람이 능력자이지 잘나갈 때 가는 사람은 누구나 가는 길을 가는 평범한 사람이다."

 짜증이 나는 흐름 속에서 허우적대면서 흐르기는 싫어서 되도록 요즈음은 호흡을 길게 하려고 하며 마음의 평정심을 갖고 얼굴에 평온함을 보이려 한다.
 모든 인생의 긴 승부에서는 짧은 호흡으로 가쁘게 숨을 몰아쉬며 승부를 하려 함은 어쩌다 한번은 소가 뒷걸음치다 쥐를 잡듯이 운이 좋으면 순간의 반짝임은 있을 수 있지만, 결코 긴 승자는 되지 못하리라.
 가볍게 깊은 숨을 쉬며 마음의 안정을 취하며 승부의 순간을 인내로써 기다림이 인생을 승부로 하는 경기에서의 승자이리라.
 눈을 높이 들어 넓은 하늘을 보고 하늘 아래 펼쳐진 산세를 살피고, 내 주변의 풍경을 바라보며, 느리게 심호흡을 하며 마음의 깊이를 넓힘은 나에게는 필요한 시간일 것이다. 진정한 평화로움은 늦게 천천히 옴을 느끼기에 인내가 중요함을 느낀다.

주변이 변화되고 변화함이 나에게 와서 나의 흐름을 새롭게 만듦도 알고, 짧은 시간에 변화되는 상황을 볼 때 인생은 보이지 않지만 어떤 각본에 의해 흐르는 물줄기가 아닌가 생각한다.

오늘의 어떤 흐름도 너무 기분이 좋게 나에게 오기에 마음이 기뻐지며 무엇인가가 변화됨을 느낄 수 있어 이 흐름을 잘 이끌어 강물이 자신의 힘으로 유유히 흐르듯이 좋은 변화의 물결을 흐르도록 하는 노력을 해야겠다.

흐르는 인생의 강물에서 강물의 흐름을 느끼며 그 흐름에 가볍게 몸을 실어 즐기듯이 흘러야지, 탁류로 굽이쳐 오는 강물과 역류하며 화내며 힘쓰는 우는 범하지 말아야겠다. 그렇게 살기에는 조금은 늦은 시간이니…….

내가 지금 농장의 해로운 쥐나 고양이를 찾아 한 방 쏘느냐?

찾아온 손님을 위해 풀어 키우는 닭이나 한 마리 잡느냐는 나의 마음에 달려있기에…….

농장 안의 풀밭을 보고 있다.

시간이 나의 어떤 선택을 바라고 있다.

부산의 바다

아침 일찍이 해운대의 달맞이 길에서 해운대 바다를 보았다. 방금이라도 비가 올 듯이 하늘이 잔뜩 찌푸리고 있다. 저 멀리 광안대교와 그 옆에 오륙도도 보인다.

아침이라 한적하기에 바다가 보이는 곳에 차를 세울 수 있었다. 차에서 나오니 아침의 바닷바람이 불어와 조금 시간이 지나니 추워 차에서 재킷을 꺼내 입었다. 옷을 입고 한참동안 바다를 보았다.

바다! 넓은 것, 넓음의 상징일 수도 있는 이 바다도 하늘이 푸르면 푸르게, 찌푸리면 자신도 무거운 회색으로, 그리고 해가 지면 자신도 검어진다. 넓은 것 같지만 하늘의 움직임에 변할 수밖에 없는 것이 바다. 자연은 위대하다 하여도 자연의 섭리로 움직이는 여러 부분에 순응하며 시간을 따라 흐른다.

몇 년 전에, 깊어가는 여름날에 이 자리에 올 기회가 있었다. 이 달맞이 길에서 보이는 해운대의, 부산의 밤바다의 빛남은 인간으로 최대의 작품인양 검은 하늘을 밝게 하며 그 찬란한 여러 색의 불빛은 인간만이 만들 수 있는 아름다움이었다.

우리가 아프리카의 오지나 남아메리카의 오지에서 어떤 원인으로 가령 비행기의 불시착 등으로 인해 목숨이 경각에 달해 오직 죽느냐 사느냐의 기로에서 헤맨다면……

신의 모습이 그리울까? 밝은 인간이 사는 불빛이 그리울까?

평범한 우리 인간들의 행복은 나는 인간에 의해 달라진다고 본다. 지금은 가고 없는 어머니, 생전의 어느 날 처음으로 차를 사서 이곳에 모시고 왔을 때 바닷가에서 너무 흡족한 웃음을 띠며 그렇게 즐거워하시던 모습도 아침의 바람과 같이 흐르는 것 같다.

연인과도 왔었고 친구들이 와도 같이 바닷가의 포장마차에서 밤을 새우다시피 술을 마셨던 곳이다.

젊은 날의 여러 가지 추억이 있는 곳이다. 나만이 가진 많은 추억을 그려보며 회색의 잔잔한 바다를 바라보았다. 바다가 끊임없이 파도치듯이 세월도 그렇게 끊임없이 흐르나 보다.

은행잎
[수령이 800년 이상이라는 은행나무]

　봄에 활짝 피었던 벚꽃이 봄이 익어 가면 그 꽃잎이 질 때, 바람에 꽃잎 눈송이처럼 날리는 장면을 보았는가? 수천만의 꽃잎이 눈이 오듯이 날릴 때 그 모습에 누구나 감탄했으리라.
　봄에 그 아름다운 벚꽃의 향연이 있다면…….
　활짝 피었다가 한순간에 날리고 지는 꽃의 아름다움을 눈부시도록 볼 수 있다면…….
　가을의 아름다움을, 찰나적인 아름다움으로 보여주는 것은 노란 은행잎이리라.
　젊은 날, 군대 생활을 문산 부근에서 했다. 부대 안에 수령이 몇 백 년 된 거대한 은행나무가 한그루 있었다. 부대 안의 명물이었기에 목책을 두르고 은행나무 주변은 잔디로 가꾸어 보는 이로 하여금 이 거대한 은행나무에서 세월의 농축됨을 찾아볼 수 있었다.
　어느 가을날, 갑자기 간밤에 영하의 제법 매서운 추위가 왔다간 아침의 맑은 날이었다. 맑고 푸른 하늘이었다. 간밤의 추위는 가고 따뜻한 가을의 햇살이 대지를 밝히는 날이었다.

아침 식사를 끝낸 후이니 대략 오전 10시에서 11시 사이였으리라. 갑자기 가을의 바람이 한 줄 불어오니, 맑은 하늘을 배경으로 노란색 잎으로 둘러싸여 있던 거대한 은행나무가 가벼운 어떤 소리를 내는 것 같더니 수천만의 그 많은 잎이 한꺼번에 바람에 날리며 떨어지는 것이 아닌가!

노란 가을의 자연의 비였다. 맑고 푸른 하늘을 배경으로 원색의 노란 잎들이 바람에, 여름날에 내리는 소나기처럼 은행나무 주변이 온통 노란 잎 날리는 모습은 참으로 신이 준 자연의 장관이요, 축복이었다.

그 노란색의 향연에……. 그 노란색의 물결의 움직임에……. 넋을 놓고 그 풍경의 경이로움에 멍청이처럼 입을 '아!' 하고 벌리고 한참을 쳐다보았다.

거대한 은행나무에 있었던 그 수많은 잎이 떨어지는데 걸린 시간은 대략 20여 분 미만이었으리라. 이 아름다운 원색의 노란 잎이 떨어지는데, 이렇게 짧은 시간이면 되다니……. 그 어떤 무상과 허무함이 내 가슴에 깊이 들어왔다.

그 뒤로 간혹 곳곳에 있는 큰 은행나무를 볼 때마다 젊은 날에 보았던 바람에 날리던 노란색의 잎들이 하늘을 수놓고 내리던 그 모습이 항시 겹쳐서 보였다.

무릇, 태어난 것은 다 지는 것이지만은 벚꽃이 지는 것처럼 노란 은행잎이 한 번에 날리는 것처럼 그렇게 피다 짐은 무엇인가를 생각하게하기에 나는 오늘도 날리는 은행잎을 바라본다.

그 향 돌아서니 없어라_시
[강경의 강]

언제나 유유히 흐르는 고향의 강
가슴속 깊이 깊이 흘러 흐르는
물결의 소리로 나를 부르는 고향의 강
가을이 익어가는 속에 세월의 흐름에
하나의 돗단배 처럼 인생의 강을 저어 가는
나를 부르는 강의 소리가 있어서
고향의 강에 갔다

강가에 서 보았다.
흐리고 찌푸린 하늘이 바람을 강에 보내고 있다
빈 강에는 돗단배 한척도 없는
고요의 강처럼 홀로 흐르고 있다.
가까운 친척과 몇 안되는 친구도 있지마는
대부분 별 계획없이 문득 무엇인가가 그리워 고향에 오면은
그 누구도 보지 않고 조용히 강가를 찾고
강물을 보고 그 흐름을 느끼고
부는 바람을 느끼며 하늘을 몇번보고 돌아서 온다

고향이 있어서 좋고
그 고향이 강가라서 더 좋다
수만년의 흐름을 안고 유유히 바다로 흐르는 강물
역사의 어떤 흐름도
그시대의 상처도
잊은 듯
없는 듯
흐르는 강경의 강물

찾아서 가슴 아픈 상처도 잊었고
어린 날의 사라져 간 추억도 먼 하늘의 구름인양
까마득하게 잊어져 가지마는
내 가슴에 생명의 핏줄처럼
간혹은 가슴의 맥박이 되어
흐르는 고향의 강물이여
퍼내도 퍼내도 줄지 않는 화수분 같은 모습으로
고향의 강물은 가슴에 그렇게 흐른다

멀어져 가기에
잊혀져 가기에
노름 판에서 밑천을 계속적으로 잃는 노름꾼의 절박한 심정처럼
가슴에서 조금씩 잊혀져 가는 어떤 그리움에
많은 그얼굴 강물에 그려본다
할머니, 어머니,
그리고 서서히 잊혀져 가는 추억의 얼굴들이 그립다

가을
강가에 부는 바람
차가워 얼굴이 차갑게 굳어져 와도
먹어도 먹어도 배 부르지 않는 허한배 처럼
고향에 흐르는 강물을 보고 또 보고
그 짙은 강물의 향
흠뻑취해 발길을 돌린다
많이 먹고 마셨건만은
그 향
돌아서니 없어라.

무심한, 무정한 한국 사람들

　KTX 열차를 타고 부산에서 대전까지 오는 길이다.
　부산에서 출발해서 어느 정도 시간이 가니 기차 안에서 안내 방송이 나온다. 처음엔 무심코 듣다가 몇 번 반복이 되기에 귀에 들어오는 소리가 있었다.
　"이 열차는 전 구간이 금연구역이니 담배를 피우지 마시고 특히, 화장실도 금연구역이니 화장실에서 담배를 피우는 분이 없길 바랍니다." 한다.
　한번이 아니고 가는 동안 두 번 더 반복되는 안내 방송이었다. 참, 대단한 민족이라고 속으로 생각했다.
　큰 식당이나 사람들이 많이 모이는 공공의 장소, 그리고 모든 관공서, 모든 병원, 기차역이나 기차 안 모든 곳이 다 금연구역이다.
　담배, 분명 건강에 해가 되는 나쁜 것이다. 그러나 이 담배는 세계의 대부분 국가가 합법적으로 팔고 있고 우리나라도 정부에서 생산하고 판매를 하며 그 이익을 보고 있다.
　이런 합법적인 담배를 모든 공공의 장소에서 못 피게 하다니……

설사 다른 사람에게 해를 준다면 어떤 특정장소를 마련하여 그곳에서 담배를 피울 수 있도록 하여야지.

정부에서 팔고 그 이익을 보고 있으며 담배를 합법적으로 사서 피우는 선량한 국민의 한 사람 한 사람 담배를 피우는 많은 사람을 안 피우는 사람이 많다고 무슨 큰 잘못이라도 저지른 못된 집단이나 나쁜 국민이라고 몰아부치다니⋯⋯.

'담배를 피우는 사람들의 권리는 다 무시하고 무조건 공공의 장소에서는 못 피우게 하나?'

인간은 약자를 보살필 줄 알아야 한다. 담배를 안 피우는 사람이 피는 사람보다 많다고 담배 피우는 사람들의 권리는 다 무시해도 좋단 말인가?

죄를 짓고 감옥에 가는 사람들도 감옥에서도 담배를 피울 권리가 있는 줄 아는데 선량한 국민을 죄인처럼 취급하여 아무 곳에서나 담배를 못 피우게 하다니 그들의 권리를 위하여 기차도 한 칸 정도는 흡연 칸으로 함이 좋지 않을까.

담배를 피는 사람의 권리는 한 치도 생각하지 않고 무조건 못 피우게 하는 것은 과연 옳은 일일까? 왜 그들을 위하여 사람들이 많이 이용하는 공공의 장소에 흡연을 위한 장소를 만들 줄 모르고 "무조건 화장실에서 피워도 범법자입니다"하고 겁을 주어야 하나?

우리는 무조건 하나가 되어야 하고, 우리보다 다르게 자신의 돈을 주고 합법적으로 담배를 사서 피우는 모범적인 시민을 한 치도 배려를 못 한단 말인가?

　이런 가장 첨단을 달리는 열차도 무조건 금연이다. 피우면 누구라도 범법자다 하는 엄포만이 필요한 것이 아니고 담배를 피우는 고객을 위해 그들이 사용할 수 있는 적은 공간을 마련해 주는 것이 현명함 아닐까?

　"이 열차는 절대로 담배를 못 피웁니다. 피우면 벌금입니다." 아니면 "많은 사람의 건강을 위하여 아무 곳이나 담배를 피울 수 없고 정 담배를 피우실 분들은 마지막 칸에 마련된 흡연 칸을 이용하시기 바랍니다." 하는 편이 좋은가!

　국민의 건강도 좋지만 소수의 합법적인 흡연의 권리도 특정된 곳에서 인정함이 우리가 모두 생각해야 할 점일 것이다.

　무조건 나쁜 것이라고 한 치의 배려도 없이 시행한다면 인간의 세상사 모든 일에 무슨 부작용이 일어날지도 모르고 때로는 그 누구라도 소수 편의 권익을 위하여 그 편에 서 있을 수도 있을 것이다. 아무도 그 소수편의 편의를 못 보아준다면 언젠가는 우리가 모두 그 피해를 볼 수 있을 것이다.

　담배 피우는 사람들의 적은 권리도 인정해 주자. 소수 권리도 작은 배려도 할 수 없고 막기만 한다면 마침내 우리는…….

　무심한, 무정한 한국 사람들일 것이다.

자연의 아름다움 내 가슴에 쌓인다

산다는 것!
나이가 먹어가는 것은!
세상에 재미있는 일이 차츰 줄어듦이 아닌가 느낀다.
술을 마셔도 예전의 즐거움이 아니요.
여자를 만나도 예전에 느꼈던 설렘도 없어진 지 오래고.
모든 취미의 생활도 그냥 습관적인 운동이 되고.
TV를 봐도 재미있는 프로가 하나도 없고.
연속극 안 본 지 십 년도 넘고……

한 때는 그리 열광적으로 보던 내셔널 지오그래픽이나 디스커버리 채널, 그리고 히스토리 채널을 봐도 예전처럼 푹 빠지는 프로도 없는 것 같고 그놈이 그놈 이야기인 것 같아서 별 재미도 없다.

술 한 잔 후, 이차로 가서 큰소리로 노래해야 만이 술 마신 것 같았으나 요즈음은 노래방 가자고 하는 일도 적어 졌고 가봐야 별 재미도 없고…….

내 노래도 별 볼 일 없고 남의 노래도 별 볼일 없이 들린다.

친구들을 만나 농담을 해도 예전처럼 재미있게 가슴을 울리는 일도 적어지고 주변의 경조사에도 가야 하기에 가는 것이지 가서 진정한 축하나 슬픔을 나누는 마음도 적어진다.

가을날이다.

어느 분이 쓴 글에 이런 말이 있었다.

"이 가을날, 특히 휴일에 집에 가만히 있는 것만으로도 고문이더라."라는 대목은 매우 실감이 난다.

모든 것에 흥미를 잃어가는 가슴에 진정한 단풍의 아름다움이 마음에 오고 그 고운 빛깔에 숨을 멈추고 보게 되고 아름다움에 취할 수 있고 자연의 오묘함에 감탄한다.

우주의 아름다움······.

그 속의 지구 그중에 내가 볼 수 있는 자연의 멋스러움과 이 자연을 가꾸는 인간의 위대함은 나는 모든 것을 신이 창조했다 하지만 주변의 많은 것을 볼 때 경우에 따라서는 인간이 신보다 위대하고 인간이야말로 신이 아닌가하고 느낀다.

어떤 신이 인간을 위해 우리가 보는 앞에 무엇을 이루었던가? 우리가 보고 느낄 수 있는 것 중에 많은 것은 인간이 창조한 것이지 결코 신이 창조한 것은 아니다.

이 자연의 아름다움도 인간의 눈으로 보고 찬미하는 것이지 과연 누구의 눈으로 보고 이 아름다움을 노래할 것인가!

자연도 우리 인간이 잘 가꾸고 다듬고 관리하여 우리의 후대도 이 자연의 아름다움을 볼 수 있도록 하는 것도 우리 인간의 노력이지 신의 노력은 아닐 것이다.

부는 산들바람에 떨어져 날리는 새빨간 단풍의 아름다움을 볼 수 있어 좋다. 모든 것이 시큰둥해져도 자연을 보는 눈은 그동안 못 보던 아름다움을 이제는 볼 수 있어진다.

산다는 것······.

나이를 먹는다는 것은 자연을 보는 눈이 커진다는 말인가?

그 자연을 새롭게 보는 눈이 내 가슴에 자라는 것인가!

이 가을날 자연의 아름다움, 내 가슴에 쌓인다.

크는 사람과 못 크는 사람

안타까웠다.

모든 것이 학문의 성취도나 생김새나 말하는 솜씨나 처세도 잘하는 것 같았으나 모든 여건을 갖춘 준비된 듯한 인물이었으나 자신이 놓인 모든 부분에서 발전이 아닌 퇴보를 하고 있고, 머지않아 지금의 위치에서도 타의적으로 내려와야 할 상황에 있었다.

본인도 매우 답답해하며 '왜! 내 인생이 이리 발전이 없습니까?' 하고 묻는다.

앞에 있는 사물을 못 보는 사람을 우리는 맹인이라 한다. 맹인 중에는 신체적인 조건 때문에 사물을 못 보는 사람도 있지마는 눈이 성한 사람 중에는 앞에 보이는 것이 있건만 그 앞에 있는 것을 못 보는 사람들도 있다. 앞에 있지만 보지 못하고 분명 앞에서 냄새를 풍기고 있건마는 맡지 못하고 있었다. 이런 사람은 정신적 맹인이다.

그가 못 보는 몇 가지 문제점을 이야기해주고 싶었으나 그가 이야기를 듣고 느낄 수 있고 생각하고 그러므로 바뀔 수 있는 사람인가에 대해서는 자신 있게 그렇다 하기에도 어려웠다.

오랫동안 자신의 고집과 습관에 젖어서 그 멋과 맛에 길들여진 채 살아온 그에게 상처를 주는 말일 수도 있기에 말하기가 좀 어려웠다.

그러나 말했다.

"당신의 단점은 당신이 너무 똑똑하기에 그렇다."

"그것이 무슨 잘못인가요?"

"인생에 있어 똑똑하여 계산 잘하여 그 길로 가는 자 치고 큰사람은 못 된다. 당신이 그렇다!"

"아니 남에게 잘못 않고 내식으로 사는데……. 그것도 잘못인가요?"

"남에게 못 하는 것도 없지마는……. 남에게 봉사하는, 남을 위해 손해 볼 마음도 전혀 없는 사람 아닌가?"

"내 것 갖고 내가 먹고 남은 것 갖고 남이 먹는데 무슨 문제인가요?"

"그렇다! 그것이 바로 당신의 문제다!"

"왜요?"

"당신은 당신 것만을 알고 당신의 이익을 추구하는 데는 일등이다. 그러나 당신은 내가 손해를 본다 하면 기꺼이 손해를 보며 남을 위하여 감수하며 일을 할 사람은 아니잖은가?"

"내가 볼 때에 당신은 남에게 알고 손해 보는 사람은 아니다. 나의 이익에 충실하다 보니 남을 도울 줄 모르고 남을 위해 먼저 가벼운 손해도 봐가며 악수도 할 줄 알아야 하는데……. 무릇 커가는 사람은 남에게 베풀 줄 아는 사람이어야 한다. 베풀었기에 그것이 돌아서 많은 것을 안고 다시 나에게 오는 게 세상의 이치거늘. 오로지 보통의 식견으로 나만을 위한 삶과 시간을 갖고 사니 시간이 갈수록 마음의 폭이 좁아지고 작아지는데 나에게 오는 것도 작은 것 짧은 것 아니겠는가? 앞으로 당신이 진정한 삶의 만족을 바라고 위한다면 주변에 줄 수 있는 것을 베풀어라. 마음으로라도 이웃을 위하여 눈물이라도 흘릴 줄 아는 마음을 가져라."

"어느 이상 큰 사람이 되려면 남에게 주는 것을 알아야 한다. 많은 것을 갖고 있으면서 왜 주는 행복은 모르는가! 주는 인생을 살아라."했다.

내 이야기를 듣고 무엇인지 고마워하는 그를 보고 느꼈다.

인생을 살다 보면 많은 사람을 만나는데 어느 선 이상을 큰 인물이 될 수 있느냐 없느냐는 주변에 주는 자인가, 못 주는 자인가로 판정이 되는 것 같다.

욕심은 있고 주변에 못 주는 자는 가면 갈수록 힘듦이 많아지고 어려움이 쌓이며 만족하는 인생을 살 수가 없으나 주는 자는 가진 것은 비록 적더라도 주변과 그에게 행복의 냄새와 부드럽고 따스한 기운을 느낄 수 있고 본인도 행복해 한다.

우리는 간혹 자신에게 물어야 한다. "남을 위하여 계산하지 않고 먼저 행동한 적이 많은가? 적은가?"를.

그것에 의해 우리는 큰 사람과 적은 사람으로 분리할 수 있으리라.

우리는 내가 행복해 할 수 있게 하려면 주변에 무엇인가를 주는 삶을 살아야 할 것이다.

충주호

가을의 어느 날에 충주호에 갔다.

비봉산을 가볍게 등반하고 난 후 점심을 먹고 배에 탔다. 내륙의 바다로 불릴 만큼 호수는 넓었다.

절대 적지 않은 승선료를 지급하고 3층으로 되어있는 유람선에 올랐다. 많은 사람이 호수의 밋짐을 보기 위해 타고 있었다.

한 시간 이상을 가는 코스였다. 호수의 옆에 펼쳐지는 자연의 풍경은 어떻게 보면 부산 바닷가를 유람선을 타고 가는 것 같은 마음이 들지만 부산 바닷가에서 거친 야생마를 연상하는 가꾸어지지 않은 자연의 힘을 봤다면. 이곳 충주호의 풍경은 곱게 단장하고 신랑의 손길을 기다리는 예전의 전통적인 혼례의 신부처럼 수줍고 부드럽고 우아하게 다가온다. 특히, 호숫가의 풍경이 가을의 날이기에 곳곳에 그 짙은 향을 풍기는 단풍으로 치장하고 있기에 달리는 내내 마음이 평온했다.

'이런 맛이 내륙의 큰 호수를 달리는 맛인가?' 하고 나 자신에 물어볼 정도로 가슴에 오는 바람과 공기 그리고 그 풍경은 부드럽게 스며든다. 부드러운 여인의 손을 잡고 초원을 가볍게 산책하는 어떤 감미

로운 기분이 느껴진다.

'오랜만에 느끼는 평온의 맛이 이렇지!' 하는 맛이 가슴에 젖어오기에 그 맛을 오랫동안 가슴에 넣고 싶어서 맥주 한 캔을 들고 일행과 떨어져서 잔잔한 호수의 물결과 불어오는 부드럽고 차면서 감미로운 바람과 상쾌한 공기 뱃길에 갈라지는 호수의 물결과 호수 옆의 바위들의 모습 그리고 단풍으로 채색되는 자연의 아름다움에 취해 보았다.

주변의 크고 멋지고 아름다운 산들의 능선이 때로는 호수에 비치고 때로는 하늘을 그리며, 가는 내내 병풍처럼 호수를 감싸 안으며 유람선을 지켜본다.

차가워지는 날씨와 불어오는 호수의 바람으로 몸이 차가워지기에 아래층으로 내려갈까도 생각했으나 추위보다는 온몸으로 느낄 수 있는 싱그러움과 상쾌함을 잃기가 싫어서 추위도 참고 흐르는 호수의 공기에 얼굴을 맡겼다.

부드러움을 보고 느끼고 부드러움은 어떻게 스며오는가를 몸으로 배운 아주 좋은 가을날의 여행이었다.

공포의 모기를 퇴치하는 길은

눈을 떴다. 저녁 늦게 까지 마신 술이 깼는지 머리가 가볍다.

창밖이 밝아오는 것을 보니 일어날 시간인 것 같지만 몇 십 분 가만히 누워 있기로 하고 천장을 바라보았다.

어제 밤 1시를 넘도록 늦게 들어와 그냥 자려 했지만 며칠 전에 술에 취해 숙소에 들어온 즉시 옷만 벗고 가볍게 씻고 잠을 자다가 모기에 당한 일이 생각났다. 그때 얼굴이 따끔거리고 귓가에 '앵~ 앵' 하는 모깃소리에 이불을 푹 뒤집어쓰고 자다가 답답하면 얼굴을 내밀고 자고, 자다가 또 따끔거리고 귓가에 모깃소리 들리면 속으로 짜증을 내고 이불을 덮고 자기를 반복했다.

이렇게 몇 번을 아침까지 반복되는 귀찮은 행위에 벌떡 일어나 무엇으로 던져 저 모기를 확 잡아버릴까 하다가 몽둥이로 잡을 놈도 아니고 살충제를 지금 뿌리면 그 냄새에 나 역시 잠자기 어렵고 미리 준비된 모기장을 치고 잘까 하다가 움직이기 귀찮은 마음에 머리에 이불을 썼다 벗기를 반복하며 속으로 모기에게 무한한 짜증을 내고 아침까지 잠을 설치며 잠을 잤기에 이번에는 늦었어도 술에 취했어도……. 단잠을 자고 싶었기에 모기장을 치는 수고를 하고 모기장을 치고 잤었다.

모기를 미리 대비하고 잤기에 오늘 잠은 편했다. 모기장 위의 천장 쪽을 보고 있자니 모기 두 마리가 날아다닌다.

모기, 참으로 웃기는 존재다!

방의 모든 것이 아무리 고급으로 현대화되었든, 그냥 편하게 자기 위한 공간이든, 크고 적고 모든 요소를 떠나 그 방에 한두 마리의 모기만 있으면 편하게 잠자기는 그른, 사람을 신경질적으로 만드는 최고의 못된 놈이다.

잠을 잘 때 잘 보이지 않는 크기로 접근해 마음을 풀고 곤히 자는 대상을 습격하는 그 '앵~ 앵' 하는 소리는 가히 어떤 소리 못지않은 신경을 건드는 공포의 소리이다.

몇 방 물리고 잠을 잘 각오라면 모르지만 설사 각오를 했더라도 조용한 밤에 귓가에 들리는 그 앵앵 소리…….

공포의 무서운 소리다!

예전 군대에서 여름이면 모기에 도저히 잠을 못 이루고 자다 일어나 에이! 에이! 하며 수건으로 모기를 잡던 전우가 있었다.

대부분의 전우야 모기에 물릴 각오도 하고 아니 물리더라도 자고 아니면 모포를 뒤집어쓰고 피곤하기에 잠을 잤으나 그 전우 하나만 신경질적으로 에이! 에이! 하는 짜증의 소리를 내며 정신없이 모기를 잡던 젊은 날의 옛 전우.

그의 짜증 소리를 잠결에 자장가로 들어가며 '저 친구 저러다가 병 나는 거 아니냐?' 하며 모포를 더 머리에 뒤집어썼던 시절이 생각난다.

잠도 안 자고 아니 못 이루고 모기를 쫓던 그 친구, 나중에 우리가 별명을 '잠을 자지 않고 모기를 쫓는 전사'의 줄인 말로 '퇴모사'라는 별명을 지어 주고 아침이면 밤새 잠을 못 자고 수건을 흔들었기에 그의 붉게 충혈된 눈을 보며 많이 웃었는데……. 그 '퇴모사' 요즈음은 어디에서 모기를 쫓고 살고 있을까? 생각하며 웃어 보았다.

저런 작은 모기, 좀 불편을 감수하고 미리 살충제를 뿌리고 자든지 친환경적인 방법으로 모기장을 치고 자면 아무런 해도 없는데 이도 저도 무시했을 때에는 잠 못 이루는 불편한 밤을 맛볼 수밖에…….

이처럼 보이지 않는 어떤 적은 불행의 문제도 그 문제를 알기에 미리 무엇인가로 대비하는 자세와, 그와는 다른, 곧 알면서도 별것 아니겠지 하는 안일한 태도가 어느 때인가는 큰 불편함으로 다가올 수 있을 것이다.

그럼 나는 나에게 불편하게 다가올 수 있는 적은 문제들을 어떻게 대비함이 옳은가.

이 모기장 하나를 설치하므로 평안의 잠을 잘 수 있었듯 인생의 모기를 막는 모기장 같은 삶의 길과 방법은 무엇인가를 생각해 보았다.

그 해답이 곧 바로 나오지는 않았지만 모기를 보며 인생을 돌아보고 앞을 그리는 밝아오는 아침의 시간이었다.

성명학

성명학을 오랜 시간 동안 연구한 분과 대화를 했다.
"성명학이 무엇인가?" 물으니, 하나의 파동 이란다.
누군가가 불러서 좋은 파동이 계속 나오면 그 파동의 영향으로 운명이 바뀔 수 있는 아주 중요한 것이란다. 어느 정도 이해가 된다.
예전의 어느 일본인이 쓴 글을 본 적이 있다. 동우인 끼리 모여 물이 썩어가는 한 호수에 가 그 호수를 축복하는 말을 크게 외치는 행사를 했는데 그 호수 물은 그 해에 어느 때보다 적조 현상도 적었고 맑고 푸른 물이 오랫동안 다른 해와 달리 유지되었단다. 그리고 얼마 전에 카페에서 이런 글을 보았다.
한 고등학교에서 물 두 컵을 병에 담아놓고 한쪽에는 긍정적인 말로 축복을, 한 쪽은 부정적인 말로 욕을 하는 시간을 몇 주 갖고 시간이 지난 뒤에 개봉한 결과 축복을 받은 물은 맑은 상태의 물 그대로였고 욕을 한 달 동안 계속 먹은 물은 벌써 부패해 가고 있었다는……. 그리고 어떤 책에서는 저주를 받고 욕을 장기간 먹은 물은 물의 육각형의 구조가 깨어져 있고 좋은 이야기를 많이 받은 물은 전체가 다 정상적인 육각형의 구조로 되어 있단다.

　주변의 사랑을 받고 자란 사람의 미소와, 혼나기만 하고 자란 사람의 미소는 다르다는 것은 상식으로 안다. 어떤 원리로 풀고 해석을 하는 가는 모르겠지만……. 좋은 파장의 기운이 나는 이름을 지어서 많은 사람이 부른다면 좋을 것이다. 나의 이름을 분석하고 말하기를 70~80점짜리 이름은 된단다. 그래서 이름이 좋기에 노력을 하면 한 만큼 발전할 수 있는 이름이며 명예가 많이 따르는 이름이란다.

　완전하지 않기에 그리 큰 인물도 아니기에 노력을 할 수 있고 그에 따른 성취도 맛볼 수 있고 나이가 들어감에 따라 명예가 있는 삶을 추구하기에 시간이 갈수록 명예가 따르는 이름을 갖고 있다니 맞고 안 맞고를 떠나 기분은 좋았다.

　인생은 거울과 같은 거라는 생각을 자주 한다. 내가 먼저 웃기에 상대도 웃는 것 아닌가! 내가 먼저 웃지 않고 상대가 웃기를 바란다면 웃는 상대가 많이 올 수는 없으리라. 웃는 사람의 인생은 핀 꽃이고 우는 찌푸리는 얼굴의 사람의 인생은 지는 꽃, 일그러진 꽃일 것이다.

　내 주변에 나를 보고 따뜻하게 웃는 사람이 많다면 그래도 살 만한 인생이 아닐까? 나를 보고 눈에 힘을 주며 인상을 쓰는 사람이 많다면……. 나의 아내나 자식들이 나를 보고 사랑의 미소를 짓는 일이 많다면 행복의 시간이 많을 것이고, 서로 보면 인상이 절로 써지는 와이프나 자식과 산다면 그것이 바로 하나의 지옥일 것이다. 하기에 부르기 좋은 이름, 좋은 뜻을 갖은 이름을 갖고 많은 사람이 불러 준다면 그 일도 좋을 것이다.

혹! 모든 것이 잘 안 풀리는 사람들은 한번 이름을 감정 받아 안 좋은 이름이면 좋은 이름으로 바꾸는 것도 좋으리라. 부모가 지어준 이름이더라도 안 좋다 하면 바꾸는 것도 지혜라 본다.

우리가 모르는 길을 걷다가 그 길이 틀렸음을 안다면 길을 바꿈도 하나의 방법일 것이다. 틀린 길을 아무 방법도 안 쓰고 운명으로 알고 체념하고 간다는 것도 멍청함과 같을 것이니 경우에 따라서는 이름을 바꾸었기에 운명도 바꿀 수 있으리라.

모든 운명이 불만인 사람은 한 번 정도 성명학 상담을 받아보고 좋은 이름으로 바꾸어, 주변에서 많이 부르게 하여 그 운명이 좋은 쪽으로 바뀐다면 바꾸어도 좋을 것이다.

두 마리 토끼

흐트러지고 집중력이 떨어지며 정상적으로 운행이 어려운 나의 조직에 새바람을 넣고자 한 이십 여일을 어떻게 보냈는지 잊을 정도로 바쁘게 다녔다.

달리는 고속도로 옆에도 기차의 차창에 보이는 풍경에도 '아, 가을이구나!' 하는 마음이 들 정도로 가을이 왔음을 알 수 있었다.

강원도 쪽은 벌써 단풍이 절정인가보다. 어떤 분이 '다음 주에는 꼭 설악산에 가보세요.' 하며 핸드폰으로 문자를 넣는다.

설악산에 가보니 황홀할 정도로 단풍이 아름답다.

계절은 흐른다.

많은 계절을 보냈지만,

많은 가을을 보냈지만,

예전보다 가을의 짙은 향이 가슴에 느껴지고 불타는 단풍에 가슴이 뛰니 이것이 다 나이를 먹는 탓 아닌가? 하며 쓴 웃음을 지어본다. 내 잘난 맛으로 지내왔던 젊은 날에는 자연의 아름다움에 눈이 가지 않았다.

그런데 어느 때부터인가 이 자연의 아름다움이 눈에 보이고 멋진 풍경에 넋을 놓을 정도로 가슴깊이 감탄하며 오랜 시간을 볼 수 있게 되었다. '빵집에 불났다.' 하면 매우 바쁜 상황을 이야기 하는데, 내 빵집에 불이 났다면 아무리 앞산의 단풍이 붉게 타더라도 그 기분을 제대로 느끼기는 어려우리라.

이 가을!

앞으로의 인생을 후회 없이 자연을 보고 즐기며 아름다움을 만끽하려면 그 자연을 볼수 있는 편안한 마음의 여유가 있어야 할 것이다.

밖의 아름다운 단풍이 날 부르더라도.

나의 조직을 정비함에 있어서 최선을 다하는 게 나의 본분이겠지만 어떡하면 조직에 활력을 넣고 이 가을 단풍도 실컷 볼 수 있는 두 마리 토끼를 잡을 방법은 없을까 하고 일단 잠을 자면서 생각해야 겠다.

제 5 장

인생은 눈치보기

목표_인생의 살만한 가치

나는 목표가 뚜렷한 삶을 살고 있다.

내 가슴에 활활 타고 있는 꿈에 대한 목표는 수십 년째 가슴에서 타고 있다.

비바람이 불거나 어둠이 오거나 큰 어려움이 닥쳐오더라도.

현실의 고통이 세 질수록 이정도 어려움에 내 무릎을 꿇을 나약한 인물은 아닐터! 라며 가슴속으로는 더욱 꿈에 대한 목표를 다진다.

정확한 꿈에 대한 목표가 있기에 어려움도 여유롭게 넘길 수 있으며 항상 나를 뒤돌아 볼 수 있고 약해질 수 있을 때에도 나를 다지며 먼 하늘을 한번 보고 가슴에 깊은 숨을 쉴 수가 있다.

언제나 나약해질 수 있기에, 사노라면 가는 방향을 잊을 수 있기에.

그 방향이 많이 틀어지기 전에 다시 한 번 돌아보고 방향을 바로 잡을 수 있음은 목표가 있기 때문이다. 목표가 커서가 아니다. 목표가 크고 작음은 중요한 문제가 아니라고 본다.

결국은 크고 작음을 떠나 그 가슴에 이루고자 하는 목적이 있는 삶과 없는 삶의 차이는 목표의 크고 작음과는 관계없는 것이다.

인생이란 망망대해에, 그냥 부는 바람과 물결에 나라는 배를 띄우고 그 흐름을 느끼고 흐르는 대로 살아가는 것도 좋지만 내가 가는 방향의 키는 내가 잡고 목표를 향해 항해하는 의지 속에서 나의 가치를 느낀다.

강하게 부는 바람에 가슴 내밀며 결국은 쓰러지는 만용의 목표가 아니고 보이지 않는 속에 감추어진 지혜로움으로 사물을 보고 느낄 수 있고 행동하는 슬기로움을 갖춘 마음과 행동으로 목표를 향해 결코 급하게 뛰다 지치지 않고 묵묵히 가려한다.

이 밤도 가슴속에 꿈이 있기에 창밖의 어둠속의 별빛을 보며 즐겁게 책상 앞에 있음이 아닐까? 한다.

오늘도 별이 바람에 스치는 밤이다. 밝게 보이는 가까운 불빛보다 반딧불처럼 꺼질듯이 저 멀리 약하게 빛나는 밤하늘의 별빛에 나의 꿈, 나의 목표를 실어 본다.

인생은 충분히 살만한 가치가 있다!

평생 동지

한 사람과 길게 이야기를 해보았다. 오랜 시간 자기의 길을 가기위해 많은 땀과 많은 시간을 인내로 노력한 사람이었다.

이야기를 통해 그동안의 노력과 실천으로 많은 것을 갖고 있는 사람임을 알 수 있었다.

나는 무슨 일이든 한 분야에서 혼신의 힘을 다해 열심히 노력한 사람들의 이야기를 들으면 잔잔한 감동을 느낀다.

일 년 내내.

일요일도 없이 오로지 일속에 파묻혀 살며 그 속에서 삶의 보람을 느끼는 어느 문학계의 사장.

자신의 일에 대해서 전혀 어려움을 노출하지 않고, 유유자적 하는 마음으로 편안한 기운을 주변에 주며 물위에 백조처럼 안으로는 열심히 최선을 다하는 사장.

항상 웃음으로 주변을 감싸며 자신의 일에 최선을 다하는 식당의 주인.

주어지는 여건을 운명으로 받아들이며 항상 부드러운 미소로 살아가는 도자기 사장 내외.

큰 마음으로 주변의 모든 것을 받아들이는 분.

끝없는 노력과 주변의 어려움을 지혜로움과 앞을 내다보는 탁월한 식견으로 나아가셨던 분.

어떠한 어려움도 인내를 가지고 자신과 주변을 위해 밝은 꽃을 피웠던 분.

이런 분들을 만나보고 그들의 이야기를 듣고 느끼며 나도 나의 마음을 다스리며 추스른다.

고난의 시간도 있었고 앞으로의 꿈을 위하여 많은 노력을 지금도 하고 있는 사람이었다.

무슨 일을 계획하고 추진할 때 그 일에 대해 무엇보다 중요한 것은 주위에 어떤 유능한 인물이 있느냐가 그 일의 승패를 좌우할 것이다.

한 시대의 역사 속에서 작던 크던 어떤 조직이든 앞장서서 가는 사람도 꼭 필요하지만, 표시 안나게 묵묵히 뒤를 받쳐 주었던 사람의 힘도 꼭 필요할 것이다.

여러 부분에서 조언과 도움을 주며 때로는 직언도 하는 사람. 그리고 편하게 지시를 할 수 있고 때로는 크게 혼낼 수도 있고 그 일로 상처를 받지 않는 인물. 나를 대신해 어떠한 일도 마무리 할 수 있는 충성스런 인물이 필요해서 그에게 물었다.

나 아직 크게 이룬 것도 별로 없으나 남을 위한 꿈을 갖고 있고 그 길을 가기위해 끊임없이 노력할 것이고 어떤 고통이나 난관이 오더라도 그 꿈을 이룰 자신을 갖고 있는 아직은 미약한 존재인 나하고 손잡고 함께 갈 마음 없냐고 물었다. 조자룡 헌칼 쓰듯 당신을 마음껏 여러 부분에서 쓰고 싶다고 했다. 나의 평생의 동지로 가지 않겠냐고 물었다.

나는 많은 부분에 넓은 지식과 인맥을 가진 사람이 필요하다. 같이 힘을 합쳐 많은 사람을 위한 이 길. 평생의 동지로 같이 가자고 말했다.

그는 조금 생각할 시간을 달라고 한다. 평생의 동지로 나를 위하여 여러 부분에 힘을 쓸 사람으로 함께 가느냐, 마느냐는 그의 마음에 달렸지만, 나에게는 각 부분에 역량 있는 평생 동지가 여러 명 필요하다.

부산

 부산역이다. 몇십 년 전 중학교 시절에 고향 강경에서 수학여행을 부산으로 왔었다.
 금강만 보고 살다가 넓은 바다를 마음으로만 상상하다가 수학여행으로 간 부산은 참으로 어린 마음을 부풀게 했다.
 강경역에서 새벽에 일찍 출발했으나, 그때의 삼등 완행열차의 속도는 지금은 상상조차 되지 않는 굼벵이의 속도라 강경에서 대전, 대전에서 부산역으로는 약 15시간 정도 걸리는 시간도 어쩌면 당연한 것이었다.
 늦은 밤 부산역에 도착했다. 기차에 내리면서 깜짝 놀란 것은 고향의 어떤 산보다 몇 배 높은 곳에 빽빽하게 불들이 켜져 있었다.
 시골 촌놈인 나는 "부산이 이렇게 크구나! 저렇게 높은 빌딩들을 보라"하며 입 다물 줄 몰랐는데 친구들도 다 촌놈들이라 다들 높은 곳에 환하게 밝혀진 불을 보며 넋을 잃고 쳐다보았다.
 그러나 다음날 그것이 영주동 산에 다닥다닥 붙어있는 판잣집이라는 것을 알고는 좀 실망했다.

　나도 이곳에서 이십대부터 30여 년을 살았다.
　그 맛 좋았던 산성의 염소고기와 막걸리, 여름이면 골라서 갔던 해수욕장, 곧 송도와 다대포, 광안리, 해운대의 바닷가.
　바다와 해변의 아름다움에 자주 갔었던 혈청소 바닷가.
　갈대의 바다를 연상 시켰던 을숙도와 연인과의 데이트 장소였던 에덴공원.
　타지에서 손님이 오면 꼭 같이 갔던 태종대 바닷가 옆 산책길과 피난민들의 구슬픈 역사가 깃든 자살바위.
　낙동강의 넓은 강을 끼고 걸었던 구포의 뚝길과 구포에서 대동 가는 유람선에서 울렸던 구성진 유행가의 노랫가락.
　더없이 즐거운 젊은 날을 보낼 수 있었던 부산이었다.
　그중에서도 부산역은 애틋한 추억도 많았던 곳이다.

날씬하고 선한 눈빛과 긴 머리가 아름다웠던 여인과의 추억.

서울에 출장을 갔다 올 때 항상 역에 나와 나를 반겨줬던 어여쁜 여인이 활짝 웃으며 나의 품에 달려들었던 기억. 그녀의 그 미소와 출렁이던 긴 머리가 얼굴과 같이 떠오르는 곳이다.

그리운 그녀, 어디에서 잘살고 있겠지.

지금은 칙칙하고 촌스런 분위기를 확 바꾸어 버린 미모의 여인처럼 부산역은 모든 것이 새롭게 바뀌어 있었다.

세계의 어떤 역에 비교해도 뒤떨어지지 않을 만큼 멋진 모습의 역으로 가을날에 우직하게 서 있는 부산역 앞에서 잠시 그리운 옛일을 그려 보았다.

홍시와 단풍

　직원이 한번 드셔보시라며 얼린 홍시 두개를 접시에 담아 먹기 좋게 티스푼까지 준비해 준다.
　시원하게 얼려진 홍시의 껍질을 벗기고 티스푼을 이용해 먹어보니 차갑고 시원하며 달콤한 홍시의 맛이 느껴진다.
　어제 술을 많이 마셔 속도 안 좋고 텁텁하고 깔깔한 입 안에 그 달콤하고 시원한 맛이 스며드니 속도 개운하다. 갯가재의 속살을 발라 먹듯 홍시 두개를 껍질만 놔두고 아주 알뜰하게 먹었다.
　속도 편해지고 머리도 맑아지는 것 같아 홍시를 준 직원에게 고마움이 느껴졌다.
　창밖을 보니 맑고 푸르른 하늘이 보인다. '감이 빨갛게 익어가는 가을날이구나.' 하는 느낌이다. 이런 가을날에는 '단풍을 보러 가야겠구나.' 하는 생각도 한다.
　작년에는 바쁘다는 핑계로 단풍을 보러가지 못해서 가을을 보내고 후회를 많이 했다.
　삶의 여정에서 머리와 가슴에 쌓아 놓을 것이 이것저것 많지만 맑고 푸르른 하늘아래 불타는 듯 빛나는 단풍이 주는 아름다움을 가슴에 쌓지 못하면 그 또한 후회되리라 하는 마음을 갖는다.

단풍이 깔린, 단풍잎이 바람에 날리는, 단풍으로 치장한 산야를 걷는다는 생각만으로도 즐거워진다.

단풍 길을 걷는 나를 혼자 머릿속에서 그려본다.

아름다운 집

자연 속에 벌판이 보이는 아주 보기 좋은 아름다운 집에 갔다.

그 집의 주인은 전직 교수였다. 제법 평수가 넓은 집을 관리 하느라 대부분의 시간을 작업복을 입고 생활한다.

이토록 집에 신경을 많이 쓰기에 큰마음을 먹어야 자신의 시간을 만들어 사회 활동을 할 수 있다고 한다.

"사람을 고용해 관리하면 되지 않느냐?"하고 물었더니,

"요즘 인건비도 너무 비싸고 인건비를 감수하고 관리인을 두면 마음으로 최선을 다하고 즐기며 이곳을 아름답게 꾸밀 수 있는 안목이 필요한데 막상 그런 사람을 만날 수도 없어서 자기가 땀을 흘릴 방법 밖에 딴 방법이 없다"고 한다.

좀 넓다 싶은 자연속의 주택.

자연은 꾸준한 관리나 보살핌이 없다면 바로 그 표시가 나고 나중에는 흉물처럼 된다.

도시가 아닌 자연이 숨 쉬는 공간 속에서 삶은 목적이 농사가 아닌 마음의 편안함을 누리는 주택을 갖는 것은 많은 땀과 인내가 요구된

다. 더위와 추위, 모기와 파리 그리고 각종 사람을 괴롭히는 곤충과의 한 번의 싸움이 아닌 장기간 동안 치러야 하는 지루한 전투적인 생활을 해야 한다. 그래서 낭만을 갖고 시골에 귀농한 사람들이 대부분 실패를 한다.

자연의 생활은 여유로운 낭만보다 고통을 요구하는 시간이 많다.

따라서 자연 속에서 뿌리를 내리려면 인내로 고통과 맞설 수 있는 용기와 힘 그리고 노력이 있어야 한다. 자연을 즐기려면 도심의 생활을 열심히 살다 가끔 시간의 여유가 있을 때 작은 돈으로 그 곳에 가서 적당한 터전을 마련하면 많은 감탄사를 연발하며 자연의 아름다움을 칭송하고 그 위대함을 노래 할 수도 있다.

누구나 꽃을 가꾸는 땀의 고통을 알 필요는 없다. 단 보이는 대로 그 자연을 잘 가꾸어 아름다움을 그 시각과 마음으로 즐기면 된다.

나도 인생을 가꾸기 위해 끈기의 땀을 흘리며 간혹 불어오는 바람에 고마움을 느끼는 사람처럼 땀과 인내와 노력으로 살아갈 것인가? 아니면 삶의 어려움을 모르는 채 간혹 느낄 수 있는 밝고 아름다움만을 노래하며 마음껏 즐기는 여행객의 마음처럼 들뜨고 환하며 아름다움만을 볼 수 있는 눈과 마음으로 살아갈까? 하는 생각을 해본다.

다시 말하면, 땀과 고통 속에서 행복을 느끼는 인생으로 살 것인가!

즐거움의 시선과 마음으로 살 것인가!

땀과 고통도 필요하면 흘리겠지만 되도록 편안하게 자연을 보고 마음으로 즐기는 이 삶의 여정을 제대로 표현하고 즐기며 살고 싶다.

인생은 '눈치 보기'

오랜만에 전철을 탔다.

목적지 까지 택시로 가기에는 도심을 통과하는 길이고 많이 막히는 시간이기에 모르는 시선이 많아 왠지 불편함을 느끼겠지만 그런대도 전철을 탔다.

빈자리가 없어서 앉아있는 사람 앞에 섰다. 서 있는 사람이 많았지만 그리 복잡하지는 않았다. 이 생각 저 생각을 하면서 몇 정거장을 가니 내 앞에 앉아있던 사람이 일어난다.

앉을까? 하고 생각하는데 내 옆에 서 있던 아가씨가 나의 눈치를 한번 보더니 내가 머뭇거리자 잽싸게 자리에 앉는다. 나도 그리 앉고 싶은 마음이 없었기에 좀 미안한 눈치를 보이는 그녀에게 가볍게 웃어주었다.

얼굴이 풀어진다. 많이 피곤했든가 다리가 아팠는가 보다.

생각해 보니 짧은 순간이었지만 나와 이 아가씨는 서로 몇 번의 눈치를 보았다. 내가 앉을 자리를 가볍게 밀치고 앉음을 미안해하는 눈빛과 괜찮다 하는 눈빛을 보냈다.

우리가 사는 이 인생은 어떻게 보면 서로가 서로의 눈치를 보는 세상이 아닌가 싶다. 아들은 아버지의 눈치를 보고 또한 아버지는 아들이 눈치를 살펴본다. 연인은 연인 끼리 서로의 눈치를 보며 운동의 경쟁자끼리도 서로의 눈치를 보며 경쟁을 한다. 도둑놈은 주변의 눈치를 보며 작업을 하고, 잡히면 경찰의 눈치를 보며 조서를 유리하게 작성하려 하고, 바람피운 남편은 아내의 눈치를 보며 어떻게 이 상황을 벗어날 생각을 하며 전전긍긍한다. 학생은 선생의 눈치를 보며, 또한 선생도 학생의 눈치를 보아가면서 적절히 교육한다. 대통령은 국민의 눈치를 보아야 하며, 그의 참모는 대통령의 눈치를 보아야 한다.

인간은 항시 어디를 가면 그곳의 눈치를 보아야 하고 그 눈치로 자기가 나아갈 때와 물러날 때를 알아야 한다.

산다는 것은 생활함에 있어서 모든 것의 눈치를 보는 것이다.

자연의 눈치를 잘 보아야 피해를 입지 않고, 농작물이나 자연을 관리 할 수 있다. 부모는 자식의 눈치를 잘 보아야 자식을 바르게 관리할 수 있으며, 아내는 남편의 눈치를 잘 보아야 남편의 사랑을 받을 수 있다. 군대에서도 눈치를 잘 보는 사람은 편하게 생활할 수 있으며, 학생의 눈치를 잘 봐야 인기 있는 교사도 되는 것 아닌가?

하긴 대통령도 국민의 눈치를 잘 보아야 한다. 국민의 눈치를 잘 보는 대통령이 현명한 대통령 아닐까?

만일 눈치가 없는 사람이 있으면 주변이 굉장히 복잡해진다.

가정에 눈치를 전혀 못 보는 부모가 있으면 가정이 불편해지고 직장에 전혀 눈치가 없는 사람이 있으면 동료 간에 불편함이 따르고 서로가 불편해 진다. 눈치가 없는 사람이 많으면 그 사회는 모든 것이 불편해 지리라. 상사의 눈치를 모르는 부하가 있으면 상사가 불편해 지고 부모의 눈치를 전혀 모르는 자식이 있으면 그 가정이 얼마나 어두울까? 경찰의 눈치를 보고 알아서 기는 범죄자나 조폭이 있기에 경찰도 할 만한 것이지 경찰을 보고도 눈치를 못 채면 매일 잡힐 것이며 뻔히 잡힐 줄 알면서 경찰에게 항상 대든다면 서로가 불편해질 것이다.

대통령도 국민의 눈치를 제대로 살피지 못했을 때 국정의 어려움이 따르는 것이 아닌가? 사장은 사장대로 직원의 눈치를. 직원은 직원대로 사장의 눈치를. 아무리 큰 백화점이라도 고객의 눈치를 살피지 못하면 모든 것이 어려워진다.

이렇게 인생을 살아가는데 있어서 필수가 되는 '눈치 보기'.

'눈치 보기'를 가르쳐 주는 곳이 없기에 요즘 세상에 잡음이 많은 것이 아닌가?

이 작은 지하철 공간에서도 누구나 주변의 눈치를 나름대로 보고 있는 것이 아닌가.

'눈치 보기'에 단이 있다면 나의 앞자리에 재빨리 앉은 아가씨는 '눈치 보기'가 1단에서 2단은 되겠다. 그럼 나의 '눈치 보기'는 몇 단이나 될까?

좋은 날씨의 밤에

함양의 농장으로 나를 찾아온 분들과 웃어가며 쓸데없는 듯한 농담과 웃음 속에 밤을 보내고 무슨 이야기를 했는지도 모르지만 다들 즐겁게 하나의 어두운 여운도 없이 우리에게 주어진 밤의 시간을 보냈다.

소득이 전혀 없는 싱거운 듯한 시간으로 다들 이야기에 흥을 냈기에 농장 안에 있는 노래방에서 노래를 할 필요를 전혀 느끼지 못할 정도로 즐겁게 농담 반, 진담 반 같은 소리를 하며 웃음으로 밤을 보냈다. 즐겁게 흐른 시간의 밤이었다.

오후 가까운 시간에 그들을 보내고 농장에서 나와 고속도로를 달려 전주의 집으로 오면서 생각해 보았다. 긴 이별이든 짧은 이별이든 이별은 좀 가슴을 쓰리게 하는 것인가 보다.

다들 자신들의 좋은 보금자리로 달려갔겠지만 그래도 이별의 아쉬운 느낌은 나의 여린 감성적인 마음의 탓인가. 세월을 보낼수록 인연의 소중함을 더 느낀다. 작은 인연의 만남이든 큰 인연의 만남이든 인연의 흐름과 그 흐름의 만남! 그 속에서 우리가 만나고 헤어지면서 인생의 강물 속에 거역치 못하는 인연의 시간들. 그 시간의 흐름 속에 흘

러가는 우리일 텐데.

밖에 행사가 있다고 부른다. 이 뒤 글은 행사 참석 후에 한잔 하고 와 쓸랍니다.

이렇게 나는 기분이 나고 흥이 나고 허전 하면 글을 쓰는 사나이라우! 많은 이해 바랍니다.

[다음은 글 쓰다 말고 축제장에 갔다 와 쓴 후기 임]

아파트에서 5분 거리에 있는 연꽃으로 유명한 덕진공원에서 '전라예술제'를 한다.

낮에 예술제에 갔다 온 와이프가 밤에 하는 몇 가지 볼만한 프로가 있는데 놓치면 안 된다 하기에 어느 정도 수준인가 보고 싶어 안 간다는 아들놈의 손을 잡고, "너는 앞으로 예술 쪽에 관심이 많은 놈! 무엇

이든지 일단은 보는 것이 공부! 잔말 말고 따라 와라!" 협박아닌 반 협박을 하면서 와이프와 함께 모두 다 같이 가게 되었다.

경남 김해에서 사업적인 목적으로 이곳에 이사 온지 한 일 년이 지났다.

지금 살고 있는 곳은 운동하기 좋은 전주천이 5분 거리이고, 전주의 유명한 연꽃이 아름다운 호수가 있는 '덕진공원'도 5분 거리로써 자연과 아주 가깝고 친숙하게 지낼 수 있는 곳이다. 나야 업무로 바빠서 일주일에 한 2~3일 정도만 이 곳에 있기 때문에 항상 아쉬움이 있다.

덕진공원의 연못을 가로지르는 다리를 건널 때 달콤하면서도 상큼한 듯한 연꽃의 향이 스친다. 숨을 깊게 들이마시고 그 향을 가슴에 넣으며 운치가 있는 출렁다리를 건넜다.

어둡기에 연꽃은 보이지 않아 '지금 연꽃이 피어 있나? 계절이 지난 것 아닌가? 를 생각하며 그 달콤한 향에 다시 한 번 깊게 숨을 들이켰다.

내가 도착했을 때는 이미 한창 행사가 진행되고 있었다. 춥지도 덥지도 않은 날씨가 많은 사람들이 편하게 관람 할 수 있도록 축제의 분위기를 돕고 있었다.

그곳에는 축제 기념품을 팔고 있는 여인이 있었는데 자그마한 도기 작품과 제법 세련된 모양의 컵도 있었다.

누구의 작품이냐? 라고 묻고 그중에 꽃문양이 마음에 드는 컵을 샀다. 부부 컵이라 쌍이라고 한다.

남자 컵은 좀 크고 여자의 컵은 좀 작다.

낮에 오면 여러 가지 작품이 나온다면서 "낮에 한번 오세요." 한다.

이 축제를 진행하는 단체에서 운영을 하고 있는 듯 했다.

잔돈이 없다고 나보고 잔돈을 바꿔 올 때까지 이 곳을 지켜달라며 여인은 가게를 나가고 나는 걱정 말라고 하면서 의자에 앉으며 "이 곳에 오는 손님은 내 마음대로 돈을 받을 것이니 알아서 하시오!"라고 말했다.

나는 그 곳에 있는 작품 하나하나 감정을 해보았다.

나름대로 특색 있는 문양과 모양을 가지고 있었다.

탱화는 유명한 교수 작품이란다. 허나 유명한 교수 작품이면 무엇하나! 나의 마음에 들지 않는 작품은 그 작가가 높은 가치가 있더라도 별로라고 생각한다.

잔돈을 바꿔 온 가게의 여인이 솜사탕과 빵도 가져다줬다.

이 얘기를 와이프에게 하였더니 "서비스가 너무 좋아요. 저 여인, 자기를 잘 보았나 봐요!" 한다.

솜사탕과 빵도 가져다 준 여인, 복 많이 받기를.

나는 나에게 잘해주는 여인이 좋더라.

나를 알아보다니. 아무튼 수준 있는 여인이다.

전라 예술제의 진행이 아주 부드럽다.

아마추어가 아닌 많은 경험을 쌓은 프로들의 노력이 엿보인다.

어떤 여인이 하나밖에 남지 않은 의자라며 자기가 앉았던 의자를 가져다준다.

아이고, 고마워라! 복 받는 사람은 하는 일도 다르더라.

아주 덥지도 춥지도 않은 날씨와 밤의 여유로움을 같이 하면서 본

예술제이다. 간간히 호수 쪽에서 불어오는 바람이 기분 좋은 흐름으로 나의 몸을 스친다.

관람을 끝내고 호수를 천천히 걸어오면서 밤의 불빛에 빛나는 어두운 호수의 수면에서 아름다움을 보고 느꼈다. 걷기에는 참으로 좋은 날씨였다.

옆에서 걷는 와이프가 "이렇게 기분 좋은 밤의 느낌은 참 오랜만이에요."한다. 나도 산뜻한 밤의 기온에 기분이 좋았다.

늦게까지 하는 식당에 가서 저녁을 먹으며 소주를 한잔 했다. 술 못 마시는 와이프는 한잔만 따라주고 나머지는 내가 다 마셨다.

상쾌한 밤이다.

누가 이 여인을 모르시나요?

어느 날인가 농장에 일행 몇 명과 같이 왔던 고운 몸매를 지닌 여인이 있었다. 처음에는 별 움직임을 보이지 않다가 슬슬 신명이 나자, 점차 몸에 흐름이 맞는지 사물놀이를 하던 중, 장고를 메고부터 사람이 달라지기 시작했다.

얼굴에 코 평수가 넓어지더니, 둔하던 몸이 덩실덩실 춤을 추고 얼굴에 땀이 흐르면서 간혹 소리도 지른다. 가만히 보니 꼭 신들린 여인같이 신내림 춤을 추고 있는 것처럼 눈빛이 반짝반짝한다.

내가 보기에는 무당은 아닌 것 같은데, 온몸의 땀구멍까지 열린 듯 훨훨 몸이 나른다. 그동안 감추어졌던 어떤 끼가 열리는 것처럼 온몸으로 사물놀이를 즐겼던 여인, 이 여인이 이곳에서 즐겁게 보낸 시간은 어떤 비싼 보약보다 더 효과가 있었을 것이다. 아니, 100년의 수명을 연장한다는 수백 년 묵은 산삼보다도 더한 효과를 확실히 보았으리라 믿는다.

그렇게 기쁘고, 즐겁게 이곳 천산농장의 기를 받아간 여인을 내가 찾아서 말하고 싶다. "인생에서 한번 있을까 말까 하는 좋은 기(氣)를 느끼고, 그 기(氣)에 쌓여 하룻밤을 보낸 여인이여, 그런 기분을 아무나 느끼지 못하는데 그대는 느꼈으니, 그 대가로 우리 몇 사람에게 소주 한잔 사라."고 하리라.

혹, 누가 그 여인을 모르시나요?

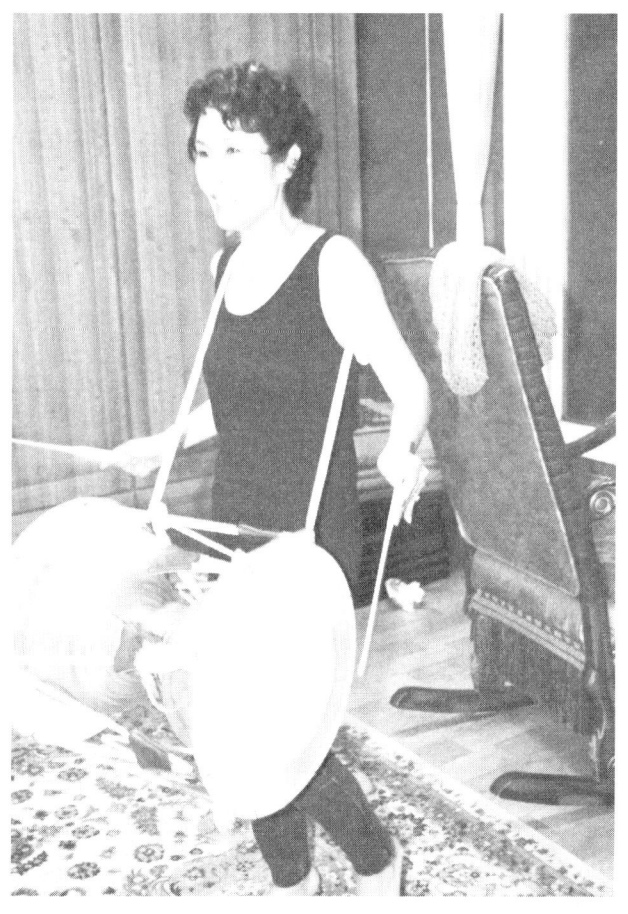

깊은 숨 들이키며_시

높은 산 정자가 있는 곳에서

긴 칼을 차고 눈은 먼 곳에 두고서

산 아래 많은 사람이 사는 곳을 바라보며

머리칼 날리며 무엇인가 허전한 마음을 부는 바람에 날리며

가슴을 달래는 한 사람의 모습

그 옛날에 끊임없이 생존을 위해 머리 쓰며 싸우고

자신의 포부를 펼치기 위해 이 나라 저 나라를 방황하던

춘추 전국시대의 무사나 현자와 같이

이루지 못하는 꿈에 입술을 깨물며 내일을 구상하는

꿈 많은 사나이 같음이 내 모습이리라

왜?

사람은 무엇인가 답이 없을 때 높은 곳이나 허공을 볼까?

가슴에 넣고 넣어도 채워지지 않는 느낌은 어떤 마음일까?

왜?

시간의 흐름 속에서 꿈을 향한 길에 쉽게 흐름의 맥을 못 잡고 있음에

한탄한단 말인가?!

사람은 나면 가는 것이지만 그 여정의 흐름에 그가 갖고 이루고자

하는 목표의 흐름은 이리 더디단 말인가.

가슴에 인간적으로 이루고자 하는 꿈이 요동치는 높은 파도처럼

끊임없이 밀려오고

또 밀려오건만

왜?

이리 이루지 못함에 가슴을 답답해한단 말인가!

오고 있고 아니 옆에 와있건만

느끼지 못하고 있는 흐름에 답답해하고 우매함을

보이고 있음이 멍청함일까!

짧은 흐름이나 식견으로는 큰일을 이룰 수 없고.

큰 흐름을 잡기 위해서는 혜안과 인내의 깊은 흐름을

갖고 살아야 함은 알지만

간혹 느끼는 답답함이야 어쩔 수 없다.

시원하게 불어와 땀이 흐르는 가슴을 시원하게 해주는 바람처럼

바람을 그리워하며

눈은 우주의 저 먼 곳까지 바라보며 숨을 들이켜 본다.

한강은 조용히 흐르고 있더라

지인을 만나 몇 가지 이야기를 하고 업무적인 일을 끝내고 이차까지 술을 하고 택시를 타고 서울역으로 갔다.

23시에 서울역을 출발 01시경에 대전에 도착하는 기차를 탔다. 지정된 좌석을 찾아 가방을 내려놓고 자리에 앉았다. 바쁘게 기차를 타려 했기에 조금 가빴던 호흡을 기볍게 정리했다. 출발시각 5분을 남겨 놓고 기차를 탔기에 호흡을 가다듬는 동안에 기차는 서서히 움직인다.

도시의 야경이 창밖으로 흐른다. 가만히 창밖의 야경의 보노라니 조금 후에 한강이 보인다. 도시의 밝은 야경을 양옆으로 하고 밝은 듯 검은 하늘을 배경으로 밤의 한강은 새로운 모습으로 다가왔다. 물결을 보일 듯 말 듯 하면서 잠시 후에 도시의 야경 속으로 사라진다.

한강의 모습은 잠시 보였다가 사라졌지만, 한강의 모습은 오랫동안 내 가슴에 있다. 서울에 올 적마다, 한강을 보아야 서울에 온 것 같았고 주어진 일을 마치고 내려갈 때도 한강을 보며 내려가야 만이 무사히 일을 끝낸 마음과 다시 올 것을 약속하는 마음을 가지며 조용히 입가에 미소를 지으며 '안녕, 다시 보자. 한강이여!' 라고 되뇌었다.

금강의 강가에서 나고 자랐기에 어떤 강물을 보던 강물은 나에게 평화로움과 따뜻함을 주는 대상이었다. 흐트러진 가슴의 상념도 강물을 보면서 정리할 수 있었고 보일 듯 보이지 않는 강물의 흐름은 마음의 평정심을 만드는 스승 같은 대상의 하나였다.

 밤하늘의 저편으로 사라진 한강의 모습을 가슴속에 떠올려 보며 그 검으면서 하늘의 여러 조명을 간직한 채 강가에 철석이는 가벼운 물결을 보였던 한강. 그 모습에 가슴에 있는 상처 입은 듯한 고통을 하나하나 강물에 섞어 보내는 마음으로 한강의 잔잔한 가슴속의 물결 흘려보낸다. 한강은 조용히 흐르고 있더라.

예식장 가는 길

비 내리는 전주역이다. 서울의 예식장에 가려고 아침 일찍 집을 나서 비에 젖어있는 전주역에 왔다. 기차를 이용한 여행이라 오늘 자정 안에는 들어오겠지 하는 생각을 하며, 발길을 옮긴다.

인생은 여행으로 생각한다. 좋던 나쁘던 끊임없이 어디론지 흘러야 되니까. 나는 피하지 못하는 것은 '즐겨라!' 가 나의 생활 철학이다. 어차피 한 번의 인생에서 여러 가지 인연으로 해서 끝임 없이 흘러가는 과정이라면 어떤 목적이던 간에 주어지는 그 과정을 '즐기자!' 이다.

오늘의 여행도 삶의 멋진 하루이기를 바라며, 마음을 다지듯 넓은 마음으로 가슴을 펴본다. 밖에는 비가 내리고 있지만 내가 서있는 이곳은 위를 막았기에 비가 오지 않는다. 살아감도 이와 같지 않을까? 여러 가지의 문제가 닥치더라도 그가 갖고 있는 어느 면이 비를 막아 주듯이 그 파장을 막을 수만 있다면, 오는 비를 즐기며 바라볼 수 있는 것처럼 여유로울 수 있지 않을까? 그러기 위해서는 '조급함을 없애자.' 하고 마음으로 생각한다.

긴 승부에서 호흡이 짧던지, 조급한 헐떡이는 마음으로는 그 무엇과의 승부에서도 좋은 결과는 없을 것이다. 항시 여유와 미소를 갖고 한번 평화로운 마음으로 미소를 지어본다. 즐기고자하는 마음으로 가는 여행이라 안마의자가 있는 곳에서 자동안마도 받아보며 여유로움을 부려본다. 창밖으로 빠르게 스치는 풍경을 보며 근육과 뼈를 살살 녹이듯이 안마를 받아보니 새삼 좋다. 평안한 마음으로 기차안의 시간을 즐기며 서울역에 도착했다.

많은 사람들이 어디로인지 가고 오는 서울역, 우리 각자의 삶도 각자의 길로 열심히 흐르고 있는 것이 아닌가!

지하철을 탔다. 서울에 살면서 지하철을 자주 이용하는 사람들은 운동이 필요 없겠다. 지하철의 통로로 오르고 내리자면 결코 쉬운 일은 아니다. 오늘도 산에 왔다는 기분으로 지하철을 오르내려야 하면서, 나 나름대로 산속의 숲을 걷는다 생각하며 발걸음의 속도를 늦추어 본다.

예식이 진행되는 곳에 왔다. 가깝게 지내는 스님이 보인다. 반가워 서로의 안부를 묻는다.

언제 보아도 서로 반가운 사이다. 요즘 강원도의 절, 김제의 절은 다른 사람에 맡겨 놓고 서울과 인천에 있다 한다. 온화한 미소로 주변을 감싸는 좋은 분이다. 만남이 즐거우니 건배가 빠질쏘냐? 내 잔에는 소주를 넣고, 스님 잔에는 물을 채우고 기쁘게 부딪치며 서로의 건강을 빌어주며 마셨다.

이번 결혼하는 아가씨는 그의 부모를 따라서 몇 번 농장에도 왔던

아가씨다. 새로운 가족을 만들어 가는 그 길에 '부디 잘 살아라.' 마음 속으로 외치며 박수를 보낸다. 식은 끝났건만 예식장 앞의 얼음 조각은 그대로이다. 어차피 물로 돌아갈 얼음 조각, 인생이란 다 다른 것 같아도, 마치 얼음의 조각품이 다 다른 것 같아도 결국은 녹으면 물이 되는 것처럼 삶도 한편의 꿈같은 얼음 조각이 아닐까? 서서히 녹아 언젠가는 사라지는 얼음의 모양 처럼, 너와 나 모든 것이 달라 보여도 결국은 같으리라.

예식이 끝났다. 참석한 지인들과 인사를 나누고 식사를 같이 하고 헤어졌다. 오늘은 시간이 좀 걸리더라도 대중교통을 이용하리라하는 마음을 먹고 나왔으니 집에까지 몇 시간이 더 걸리더라도 그 편을 이용하여 집에까지 가리라 하는 생각으로 움직이다 보니, 많은 불편을 감수하고 대가를 치러야 할 것 같다.

많은 분들이 이용하는 지하철, 서울의 여러 가지 특성상 지하철이 더 늘어나고 더 많은 사람들이 지하에서 생활하는 시간이 늘어날 것이다. 아직도 서울에 오면 지하철보다 택시를 많이 활용한다. 택시는 타고 가면서 많은 것을 볼 수 있지만, 지하철은 너무 사람이 많아도 탈이고 사람이 적은 시간에 이용 때는 앞 사람과의 시선이 부담스럽다.

새로운 많은 사람들, 이 모든 사람들이 어떤 이유로 어떤 인연으로 오늘 이 자리에 이 시간에 스치는 걸까? 잠시 한 공간에 같이 하지만 어떤 목적지에 닿으면 아무런 미련없이 그냥 가볍게 스쳐가는 바람처럼 흔적도 없이 사라지리라. 그러나 이러한 만남의 속에서 나오는 어떤 인연이 서로의 인생을 좌우하지 않을까?

모든 것은 만나서 이루어지고 또한 만남의 연속이 곧 인생 아닐까? 단, 배역이 큰 주연이나 조연도 있고, 그냥 이렇게 눈길 한번 주고받음 없이 무의미한 한 공간을 같이 함도 각자 인생의 역할이리라.

사람 몸의 혈관 따라 흐르는 피의 흐름처럼, 지하철역마다 도심의 교통이 끊임없이 흐르는 것처럼, 수많은 사람들도 각자의 역할로 어딘가로 흐르고 있다.

공짜로 하는 온천물의 족욕

　내가 사는 곳은 대전의 유성이다. 이 유성은 예로부터 온천이 유명한 곳이다. 봄의 꽃이 절정인 봄날의 저녁에 와이프하고 한잔을 하고 그 취한 기분에 기분 좋게 봄날의 밤을 즐기며 걸었다. 온천지역이라 잘 가꾸어진 자연과 걷기가 좋은 봄의 꽃들 아래로 늦은 밤의 시간을 보내기에는 좋았다.
　시계를 보니 열 시 정도다. 한 곳을 걷노라니 사람들이 북적거리는 곳이 있다. 무엇인가 하며 가보니 백여 명에 가까운 사람들이 물을 가운데로 하고 그 양옆에 나무로 만든 앉는 곳에 둘러 앉아있다. 여성분들이 압도적으로 많다.
　어느 분에게 이곳이 무엇을 하는 곳인가 하고 물으니 그분의 말이 이곳은 유성구청에서 온천의 고장임을 알리기 위해 온천수를 끌어올려서 하루에 오전 9시부터 밤 11시까지 많은 사람이 간단하게 발을 온천수에 담가 피로도 풀고 유성온천도 느끼고 아는 체험의 장으로 만들었단다. 옆을 보니 발을 간단하게 닦는 곳도 있고 젖은 발을 말릴 수 있는 에어가 나오는 기계도 있다.

　발을 간단히 닦고 여자들이 많은 자리에 끼어들었다. 많은 여자가 각자의 발과 다리맵시를 자연스럽게 보이고 있다. 따뜻한 온천물이 기분 좋게 흐르는 곳에 발을 담그고 여인들의 발 모양을 보노라니 좀 전에 먹은 술이 깨어오고 피로도 풀리며 기분도 부는 밤바람에 맞추어 살랑거린다.
　옛날의 선비들, 더위와 피로를 풍경 좋은 계곡의 물에 발을 담그며 풀었다던가? 나도 공짜로 즐기는 온천의 족욕에 더없이 즐거워하며 앞으로 종종 밤에 이곳에 와서 이 시설을 활용하자 하는 생각이 들었다. 주변의 풍경에 맞게 조경을 잘해 놓은 곳에 깨끗하고 깔끔한 시설 그리고 잘 관리된 이 온천의 족욕에 매우 만족하며 흐뭇한 마음으로 와이프를 보고 말했다.
　"연심아! 우리 저녁에 되도록 자주 와서 이 온천의 족욕을 즐기자. 피로도 풀고 술도 깨며 공짜의 온천물도 즐기니 이런 곳에 자주 안 오고 어디를 자주 가리. 하하하!"
　그녀도 좋은 듯이 만족의 웃음을 웃으며 고개를 끄떡인다. 봄의 밤하늘에 별들이 빛나는 꽃도 좋고 불어오는 바람도 좋은 밤이었다.

술 사주는 하루로

친구가 술 생각이 나 왔단다. 벌써 간단히 한 잔한 것 같다. 마침 간단한 내부공사를 끝낸 뒤라 간단한 술상을 마련했다. 나도 박씨라 '술은 박통이 좋아했다.'는 술로 했다. 상큼하게 가을이 와서인지 공기는 시원하고 풀벌레 소리가 들리는 농장의 정경은 평온한 느낌이 든다.

싸늘한 가을밤에 창밖의 동녘 밤하늘의 별빛 꽃 피던 밤, 우리는 서로의 잔에 낭만과 사랑과 우정 그리고 영혼의 평안함을 넣고 마셨다. 그 깊은 맛에 가을밤도 서서히 취해간다.

오늘은 부산에 간다. 서울에서 대전, 대전에서 전주, 전주에서 함양, 함양에서 저녁 회의 때문에 부산에 간다. 회의가 끝난 후, 부산에서 막차를 타고 대전에 와 대전의 숙소에서 잘 예정이다. 바쁜 체하는 것만이 진리가 아닐 진대도 나는 아직도 바쁜 체를 하고 산다는 것이, 글쎄, '덜 떨어짐을 표 내는 것은 아닌가?' 라는 생각이 든다.

어제 함양에서 백운산으로 해서 서상으로 빠지는 산길로 가다가 외로이 손드는 사람이 있어 차를 세워 태워준 스님, 그 스님의 절에 가 녹차 한 잔하고 정말 오래된 친구처럼 농담과 담소를 나누었다.

다시 만날 것을 약속하고 헤어진 그 스님은 법명이 정오 스님이다. 삶은 바쁘게 흐르는 나에게 이런 기분 좋은 인연의 고리로 나를 격려하는가 보다.

오늘도 대전에서 부산까지 가면서 머리에 그릴 수 있는, 비록 달리는 기차를 통해 본 자연이지만 분명 어제와 다른 채색으로 나를 반길 자연을 그려본다. 그 자연을 내 가슴에 다시 심는 것 또한 하나의 즐거움이리라.

즐겨 마시는 술 오늘도 한 잔 해야지! 그 마시는 술도 술 그 자체가 좋아 누구하고 마셔도 좋았지만, 요즘은 배가 불렀는지 양보다는 질을 찾게 된다. 술맛은 어느 술이 좋으냐? 보다는 어느 사람과 마셨느냐?가 더 좋은 술이라는 생각이 든다. 오늘은 또 누구와 한잔을 즐기게 될까?

가슴속에 미움 되도록 넣지 않고 기쁨만 겉으로 나타내려 하건만 미운 사람 더 미운 짓에 가슴이 답답해진다. 사물의 보임은 평범할진대 그 보이는 평범함을 보지 못하고 억지의 머리, 그 좁은 식견, 이렇게 판단하는 나의 심보도 멍청한 마음보인가?

받는 자보다 주는 자가 더 크고 아름다운 법!

'오늘도 주는 자가 되어볼까?'

그래, 술도 공짜 술보다 맛있는 술은 사주는 술이라더라!

오늘도 '술 사주는 하루로 보낼까?' 한다.

나의 후회_일본의원이 오면 공항에서 되돌아 가게 하라

울릉도 방문을 위해 한국 입국을 시도하다 입국을 거부당한 신도 일본 자민당 의원 등 일행 3명이, 8월 1일 오후 서울 강서구 김포공항에서 20시 10분 발 ANA항공 편으로 일본으로 되돌아가기 위해 출국장으로 향하고 있다. 이들은 9시간 동안 송환을 거부하며 김포공항 송환대기실에서 체류했다. _(사진설명)

/ 나의 후회 /

얼마 전에 직원과 이야기하다가 직원의 말이 너무 터무니없고, 나의 상식으로는 숨이 막힐 만큼 너무 멍청한 주장이라 사람들이 좀 있었던 식당이었지만, 버럭 소릴 질렀다.

"이런! 멍청한 인간이, 이런 것도 주장이라고 하나? 입 다물어라!" 주변의 많은 사람이 놀라 쳐다보았다. 그 식당에서 나온 뒤에도 한동안 그 직원의 멍청함에 내 가슴에 분노가 쌓였다.

몇 시간이 지나고 분노가 가라앉자, 문득 모든 것이 미안한 생각이 들었다. 어떠한 내용의 주장이라도, 설사 아무리 엉터리 같은 의견이라도 그것을 듣고 그냥 넘어가지 못할 정도의 미숙한, 인격적인 수양 부족 때문이었다. 어떤 내용의 의사이더라도 '끝까지 들어주었더라면……' 하는 생각이 들면서 나 자신의 모자람에, 많은 사람이 있는데도 큰 소리로 그를 혼낸 감정 표현의 미숙함이 나를 가엽게까지 생각하게 되어 초라한 나 자신을 한없이 후회했다.

어떤 이야기라도 듣는 것이, 싸움보다는 나으리라. 이야기를 듣고, 토론도 할 수 있고, 너무 말도 안 되는 의견이면 웃고 넘길 정도의 그릇이 되어야 하는 데 말이다.

/ 일본의원이 오면 공항에서 되돌아 가게 하라 /

대통령이 직접 나서서 "공항에서 그들을 돌려보내라!" 해야 했을까?

일본인들이 아무리 엉터리 주장을 하더라도, 우리는 그 주장을 왜

들어볼 마음도 없단 말인가!

상대가 "독도가 자기 것이다."해도 토론도 한번 할 필요도 없고, 상대들이 일본을 대표하는 의원이고 정식의 절차를 밟아 울릉도에 가겠다는데, 이런 일에 일국의 수장인 대통령이 직접 나서서 "입구에서 쫓아버려라." 할 정도로 중요한 일인가! 이런 일은 공항의 입국 담당자 정도의 계급을 가진 사람이 정중히 "치안의 어려움 때문에 안 되겠으니, 그냥 돌아가세요."해야 할 사안이지, 한국에 오기도 전에 대통령이 나선다는 것은 아니라고 본다. 우두머리는 항시 의견의 표시를 앞뒤의 흐름을 맞추어 보고 천천히 의사를 표시해야지, 나라 대표의 의사 표시가 너무 가벼우면 우리 모두의 창피로 본다.

"우리가 대마도가 우리 땅이다."라고 주장하려고 일본에 간다면 일본의 총리가 '절대 입국 불가'라고 선두에 나서서 지시할까? 이런 일은 떠드는 자들만 떠들게 큰 신경 쓰지 말고 모른 척 놓아두어야지, 왜 말 한마디도 못 꺼내게 할까?

이런 것이 외교이고 정치일까? 왜 우리는 무조건 한 의견만 있고, 그 의견에 반대되는 의견은 절대 하면 안 되는 공포 아닌 공포의 분위기가 알게 모르게 사회의 모든 곳에 스며있을까?

못난 나만 얼굴이 화끈거리는 후회를 해야 하고, 많은 사람은 후회되는 바보 같은 행동은 없어야 하는데, 왜 하늘을 보게 될까?

하늘엔 구름만 흐르고 있다.

빙판길에 7번 넘어지다

어제는 대전에 눈이 많이 내렸다.

눈이 즐거워 2차까지 했다. 술을 2차까지 한 것은 좋았으나, 아뿔싸! 눈이 너무 많이 내린 뒤에 기온이 내려가 밤이 깊어가니 도로가 빙판으로 변해 우리 일행이 한잔하고 나오니 평소 같으면 택시가 줄지어 있어야 할 도로에 택시는 눈을 씻고 봐도 없고, 많은 술꾼이 차를 잡지 못해 오락가락 하고들 있었다.

나는 택시를 아무리 기다려도 소용이 없음을 느끼고, 눈을 맞을 준비를 하고 나갔던 복장이기에 친구하고 둘이 걸어서 숙소까지 갔다. 신발도 통가죽이고 복장은 산에 가도 되는 완전무장에 가까운 복장이었으나, 눈이 적당히 녹고 기온은 영하라 표면이 얼어 빙판이 되어 나와 친구는 몇 번씩 넘어졌다.

어떻게 안 다치고 넘어질까 생각하다 요령을 터득했다.

다치지 않고 넘어지는 방법은 손을 주머니에 넣고 다니면서 넘어지는 것이다. 대부분 빙판에서 넘어지면 손을 많이 다치는데 넘어질 때 중심을 유지하려고 먼저 손으로 바닥을 짚기 때문인 것 같아서 주머

니에 손을 넣고 걷다 넘어지면 몸이 먼저 쓰러진 다음에 손은 나중에 땅을 짚게 되기에 다치지 않을 것 같은 생각이 들었다.

친구와 숙소까지 2시간 넘게 걸어서 도착했다. 오는 도중에 한 7번은 넘어진 것 같은데, 아침에 살펴보니 한 곳도 아픈 곳이 없다.

어제는 넘어져도 잘 넘어졌나 보다.

새해 첫날, 숲길을 걸으며

새해의 첫날!

밖으로 나가지 않고 집에서 일출을 보고 아침을 하니, 마음이 평온하고 한가로웠다. 전국이 눈이 많이 와서 난리라 매스컴에서 떠들어, 나는 집에서 가족들과 가볍게 한잔하면서 각자의 취향대로 음식을 시켰다. 나는 와인 한 병을 다 마시고, 제야의 종소리를 TV 중계로 보고 있었다. 아내가 술을 마시지 못하는 체질이라 집에서는 언제나 나 혼자 마신다. 술기운에 소파에서 끄떡끄떡 졸다가 "해 뜨는 시간에 깨워 달라."고 부탁하고 나는 안방에서 편하게 잤다.

해 뜨는 시간에 일어나, 전 식구가 해를 보며 각자의 소원을 빌었다. 나는 좀 더 큰 시야의 눈과 마음으로 좋은 인연, 적절한 판단력 그리고 고난도 즐길 수 있는 더 큰 그릇이 되도록 소원을 빌었다. 아내도, 아들놈도 해를 보고 뭘 빌기는 비는가 보다.

새해의 아침이다. 나는 눈길에 미끄러져서 다리를 삐끗한 아들은 "집에서 쉬어라."하고 간단한 복장으로 집에서 그리 멀지 않은 곳에 산책로가 있는 숲길로 갔다. 눈에 싸여있는 숲 속의 눈길을 오랜만에

　아내와 같이 걸었다. 영하의 추위로 날씨는 쌀쌀했지만, 바람이 불지 않기에 걷기에는 참으로 좋은 날씨였다.
　숲의 모든 것이 눈으로 덮여 있었다. 맑은 공기, 새하얀 색의 성찬으로 나 역시 마음이 맑아지는 것 같았다. 호흡을 깊게 해보며 자연 속의 나는 어느새 자연의 하나가 되어본다. 자연이란 참으로 아름다움의 극치가 아닌가 싶다. 하나의 색으로 숲과 어우러지는 조화로움처럼 우리 인간도 다른 것과 거부가 아닌, 같이 어우러지는 자연의 이치를 배워야겠다는 생각이 든다. 숲이 여름이라 거부하고, 겨울의 눈이라 거부하는가? 모든 것을 그대로 받아들여 또 하나의 조화로움을 만드니 자연을 접할 때마다 인간의 한계를 느끼는 바가 크다.

이 멋진 풍경을 보라
이 순수한 겨울 아름다움의 조화
이런 경치를 볼 수 있으매
이 또한 인간으로 살아감의 축복이 아닐까?

삶은 하나의 고행의 길이라던가
그러나 그 길을 걸으면서 느낄 수 있고
즐길 수 있는 이런 길도 있지 아니한가?

걷는 자체를 즐기며
내가 길인 양
길이 나인 양
그렇게 무념의 생각으로
눈길을 걸어본다

눈 쌓인 산길을 걷는 아내
나보다 더 즐거워한다.
"참, 여기 너무 잘 왔네요."
자연을 즐기는 마음은 다 같은 법
즐거운 눈길이다. 앞서거니 뒤서거니 걷는다.

　이렇게 한적한 숲의 눈길을 걸어보니, 새해가 변화와 새로움으로 다가오는 것 같다. 이 고요하고 평온한 눈 덮인 숲길을 걷는 즐거움은 신의 보살핌 아래 내 인생에서 즐거운 일부이리라.

　앞서 가는 나를 "여보세요!" 하고 아내가 부른다.

　뒤돌아보는 나를 사진 찍는다. 사진을 찍고 웃는 모습이 아름답다. 사람은 앞만 보며 가지 말고, 간혹 뒤돌아보면서 또 다른 아름다움도 보면 좋을 것 같다. 오래 걷다 보니, 몸에서는 땀이 나고 손이 시려온다. 잠시 멈춰 호흡을 고른다. 무작정 걷는 것도 좋지만 이렇게 쉬면서 호흡도 조절하고, 주변도 더 자세히 살피고 목표를 다시 수정할 수도 있는 것 아니겠는가?

부지런히 앞으로 가는 그대
잠시 멈추어 쉬었다가 가세

　신년의 하루, 앞으로 예전과 같은 시간의 흐름이 이어지겠지만, 그래도 이렇게 하얀 눈으로 덮인 숲길에서 아내와 둘이 시간을 보낸 게 너무 행복하였다.
　신년의 아침에 걸으면서 본 아름다움을 가슴에 깊이 새겨 넣어, 앞으로 즐겁고 행복한 마음으로 모든 일의 기초로 다지고 다져 그 위에 알곡들을 차곡차곡 쌓아 가리라.

인생, 좆도 아녀

술만 마시다가 어느 정도 취하면 자연스럽게 "인생, 좆도 아녀!" 하는 친구가 있다. 살다 보니, 세월이 가다 보니 인간의 희·노·애·락 모든 인연이 물거품처럼 하늘에 무심히 떠가는 구름 같다고 그 친구는 그 나름대로 표현했었다. 그 친구는 아무 술자리에서나, 여자가 있든 없든 간에 나오는 "인생, 좆도 아녀!" 를 함부로 내 뱉는다. 어느 정도 위험 부담을 안고 사는 헬기의 조종사이면서, 술을 무지하게 잘 마시며, 뭔가 가진 문제, 즉 아픔이 있기에 그런지 모르겠다. 하지만 내가 생각할 때는, 나도 술을 아주 좋아하는 사람 중 하나지만, 술을 좋아하는 사람들은 적당히 허무주의적인 사고를 하고 있다는 생각이 들기도 한다.

기분 좋게 모든 것을 잊고 한 잔을 마시면, 그 몽롱함, 반쯤은 자유롭게 풀어 놓은 강아지처럼 편안한 마음이 되기도 하고, 반쯤은 머리도 지끈지끈 아프며 멍해 기억이 반 밖에 안 나고, 속도 쓰리다. 그리고 간밤에 기분 좋게 부딪쳤던 술잔과 웃음으로 범벅이 되는 일이 잦다 보면, 또 기억의 저편에서 어제의 모습이 손을 흔들고 있음을 느낄 때 좀 덜 깬 눈으로 어제를 돌아보면서 "인생, 좆도 아니야!" 소리가 나올 수도 있을 것이다. 간밤의 즐거움은 이미 지나가서 다시는 잡을 수 없는 과거의 시간이니, 좆도 아닐 것이다.

　이 친구가 중국에서 한 일 년 정도 중국인들에게 헬기 교육을 하다 왔는데, 모든 면에서 대접을 잘 받았다 하더라도 나름대로 마음고생을 하고 왔으리라. "중국까지 가서 고생 많이 하고 왔다."고 친구들 몇이 술을 샀다.

　그런데 이번에는 오랜만에 만난 기념으로 3차까지 술자리를 했으나, 묘하게도 이번에는 그 친구의 상징인 "인생 좆도 아녀!" 하는 소리가 한 번도 그의 입을 통해 나오지 않았다. 이웃 나라인 중국에 가서 말도 잘 통하지 않는 곳에서 지내다 보니, 친구들과 한잔하는 것이 아무것도, 아니 "좆도 아닌 것"이 아님을 깨우쳤나 보다.

　친구들과 정겹게 마시는 술은 '인생, 좆도 아녀!' 가 아니라, 삶의 시간 중에서 '가장 축복의 시간이었다.' 는 것을 중국에서 깨우쳤나 보다.

　앞으로 이 친구의 입에서 상스럽게 "인생, 좆도 아녀!" 하는 소리가 앞으로 쑥 들어가고 "그래도 인생은 축복이더라!"하는 소리로 바뀌길 진심으로 바란다.

제 6 장

여 행

자유로움을 향한 모자

봄비가 오락가락하는 고속도로를 달렸다.

소방관이 이 불, 저 불을 끄느라 이쪽, 저쪽 정신없이 다니듯이 나도 이 문제, 저 문제 해결하느라 정신없이 다닌다. 아직은 할 일도 태산처럼 많고, 또한 나를 필요로 하는 곳도 많다.

나는 홀로 움직이는 경우가 많다.

홀로 결정하고, 혼자 목표를 정하고, 혼자 달려보고, 혼자 내일을 꿈꾸고, 계획을 세운다. 내가 가진 이 작은 조직이 살아가고 밝은 내일을 볼 수 있도록 하는 선장이라 할 수 있다.

광활한 서부의 평야를 홀로이 달려가며 그 운명 개척하는 카우보이처럼 남에게 의존하지 않고 살아가는 사고력을 갖고자 그 기분을 느끼고자 카우보이모자를 잘 쓴다.

넓게, 자유롭게, 황야를 달리며 사는 사람처럼 나도 자유롭게 나의 운명을 가고자 그 기분을 나의 것으로 하고자, 평안한 영혼을 갖고자 한다.

거친 광야를 아니 삶의 바다를 내일을 보는 눈으로 정확한 판단으로 내일을 위한 발걸음을 가는 카우보이처럼 자유롭고 편하게 갈 것이다.

봄비 안개처럼 자욱이 깔리는 날이다.

말 대신 나의 애마 백마를 타고 고속도로를 달린다.

마음의 자세

창밖을 바라본다.

멀리 산이 보인다. 산 위에 흰 구름이 떠 있다. 구름의 그림자, 산에 검은색으로 흐르고 있다. 내가 있는 위치가 높아 구름의 그림자를 볼 수 있다.

사람의 인생도 이와 같지 않을까? 그가 보는 시야, 즉 '마음의 눈'의 위치가 어디에 있느냐에 따라 그가 볼 수 있는 것이 달라진다고 말할 수 있는 것 같다. 마음의 눈의 위치가 너무 낮으면, 주변은 현미경처럼 자세히 볼 수는 있겠지만, 그런 시야로는 그 곁에 무엇이 어떻게 있는가는 알 수 없을 것이다.

우리 주변의 국가가 어떻게 흘러가고, 사회가 왜 요동치는지 모르고 자기 주변, 아니 자기의 가족만 아는 사람이 그런 사람이 아닐까? 그리고 같이 살아가는 우리는 나하고 의견이 같은 사람도 있고, 나의 견해와 다른 사람들도 있다는 것을 무시하고, 나하고 의견이 다르다고 걸핏하면 가스통 들고 가서 폭파하고 죽이겠다고 위협을 하는 골수 보수들의 모습을 보면서, 나는 늙어도 저런 모습이면 안 되겠다고 느낀다. 그러니 나이를 먹는 나 자신에게도 간혹 공포를 느낀다.

　나 역시 나도 모르지만, 저 흰머리 휘날리며 절에 들어가 "총 가져와라. 다 죽이겠다."하는 극렬 보수처럼, 나도 그런 완고하게 굳은 사고가 남의 처지에서 보면 혹 갖고 있지 않을까? 하는 마음이 든다.

　나이가 들수록 주변을 살필 줄 알고 나와 다른 의견이 있다는 것을, 아니 많다는 것을 알고 살아가야 하는데 인생의 높이가 중간이면 내가 가는 길과 상대가 가는 길도 알고, 내가 이러면 상대도 이러리라 하는 생각도 할 수 있고, 가족과 남도 생각할 줄 아는 입장이 되어야 할 것이다. 그러면서 간혹 하늘도 우러러보고 길옆의 꽃과 강가에서 강물의 깊이도 볼 수 있는 삶을 사는 많은 사람과 더불어 간혹 웃고 울면서 삶을 노래하는 사람이 되어야 한다. 그러기에 우리는 무리를 짓길 좋아하고 그 무리 속에 있을 때 행복을, 어떤 안정감을 느끼고 있지 않을까?

　내가 인생을 살면서 느끼는 점은 우리 삶은 지극히 평범히 사는 것도 기적이라고 불릴 만큼 그리 쉽지만 않다고 보는 것이다. 같이 웃을 수 있고 같은 이야기에 동감도 반대도 할 수 있고 기분 좋게 술잔을 부딪치며 건배를 하는 그런 평범한 즐거움도 과연 그렇게 평범하기에 누구나 다 오랫동안 누릴 수 있는 평범한 행복이란 말인가! 그러나 그런 삶 속에서는 뒷산에 산등성이에 구름의 그림자 흐르고 있다는 것은 모를 것이다.

　모르기 때문에 또한 좋으리…….

산 위의 잔설도 보고 하늘에 흐르는 구름도 보며 산 능선에 흐르는 구름의 그림자를 보는 눈!

우리는 살다 보면 고고하게 하늘만 우러러보는 삶을 살아가는 고귀한(?) 분들이 간혹 바닥만 보며 사는 사람들처럼 답답한 삶을 살아가는 모습을 본다.

외롭게 하늘을 보기에, 손에 흙을 못 묻히기에, 물에 적실 줄 모르기에 목과 마음에 깁스했기에 돼지가 하늘을 못 우러러보듯이 그 깁스의 무게에 바닥을 못 보는 삶을 사는 거룩한(?) 분들을 볼 수 있다.

그 삶 또한 좋은 삶일까?

바닥도 보며 산에 중턱도 보고 능선에 흐르는 구름의 그림자도 보며 덤으로 산 위에 흐르는 구름도 보며 푸르던 하늘의 맑음도 보는 눈이 아쉽다.

곧 삶은 무엇인가를 생각하며 춥다는 이날 그 마음의 자세를 그려 본다.

아, 그리워라! 나의 충신이여

며칠을 연속으로 술을 마셨다.

완전 업무적인 술을 마셨다. 새로이 문을 열게 된 사무실에 숙련된 직원 한 명 없이 어찌 보면 무모함에 가까운 용기로 시작은 했으나 용기와 현실은 다르고, 전혀 다른 업무를 하는 신입에 일을 맡겼다. 그러나 숙련된 직원이 할 수 있는 행동을 바란다는 것은 어렵다는 것도 알고 그리할 수 없는 것도 알 수 있지만, 직원을 쳐다보는 눈이 엄격해질 수밖에 없다. 사람과 사람의 관계에는 상대에 대한 신뢰가 있어야 일의 진척이 있을 수 있기에, 좀 더 부드러운 관계를 위한 식사의 자리가 계속되었다. 나의 술자리의 특성은 별도로 술만을 마시기 위한 자리를 찾지 않고, 대부분 술은 저녁을 겸한 반주의 행태로 마신다. 하기에 수십 년을 연속으로 일 년에 몇 번 빠지지 않고 마셔도 건강을 유지하고 지낼 수 있었던 것이 아닌가 싶다.

직원과 마시는 술은 마음을 풀어놓고 완전히 개방된 상태가 아닌, 어느 정도 계산된 술을 마셔야 하기에 술 맛이 별로 없다. 그래서 몇 년 동안 될 수 있으면 직원과 마시는 것을 되도록 피했는데, 그렇게 몇 년을 흘려보내니 전에는 눈빛만 보아도 알았던 직원들의 마음을 요즈음은 그의 행동을 보아도 그 특성을 알아내기가 어려워서 이것이 내가 그들과 거리를 두었던 결과구나 하는 생각을 했다. 모든 일의 성패는 사람에 달려있고, 그 사람 즉 직원을 훈련함에 최고의 순번을 주어야 함을 잊고 편한 술자리를 위해 친구와 업무와 관계가 없는 사람들과 많은 술자리를 갖다 보니, 믿고 지시해야 할 충성스런 부하를 양성하지 못했다. 충성으로 무장된 부하가 없음은 말도 없이 자기 발로 걷는 초라한 장수다. 어느 정도 위험도 대신할 수 있고, 믿고 혼내도 되는 마음대로 지시할 수 있는 인물이 없다는 것은, 호위병 하나 없이 적에게 둘러싸여 있는 장수이리라. 눈빛만 봐도 의사를 전달할 수 있고, 지시할 수 있는 부하가 없음은, 부는 추운 바람에 두툼한 코트 하나 없이 삭풍에 떨고 있는 사람과 다름없으리라. 그동안 인재를 키우고, 인재를 양성함에 모든 정열을 쏟아야 하는 것을 방관했으니, 지금에 와서 주변에 인물이 없다고 누구를 원망하랴?

그래도 늦었다 느낄 때가 아직도 기회가 남아 있는 법, 늦게라도 정말 능력이 있는 직원 잘 키워 그도 좋고, 나도 좋은 여건을 얻고자 요즘 연속으로 직원들을 단체로 저녁을 사주면서 앞날을 부탁했다.

나하고 저녁을 같이 먹은 십여 명의 직원 중에 반드시 능력이 있고, 충성스런 인물이 꼭 나오길 바라며 계속 먹고 마시어 속이 안 좋은 배를 쓰다듬으며 능력 있는 충신을 그려본다.

'아, 그리워라! 나의 충신이여!'

나는 울었네

친구 몇을 만나 자연스럽게 술을 마셨다. 어느 정도 거하게 마셨다. 저녁을 겸해 술을 마셨기에 배가 불렀다. 좀 일찍 술도 여러 병을 마셨기에 포만감에 쌓여있는데 한 친구가 "야, 배도 부른데 오랜만에 우리 나이트에 가서 배 좀 비우고 갈까?" 한다.

나이트를 가본지가 언제인가 싶었다. 그 동안 술 마시면 2차는 당연히 노래방이었기에 노래방에서 마음껏 소리를 치다가 판을 끝냈는데, 나이트를 가자니 같이 오랜만에 옛 실력을 살려 마음껏 흔들어보고 운 좋으면 이쁜 여인 만나 3차는 노래방으로 하는 속셈으로 폼도 당당하게 들어갔다. 라훈아 라는 명찰을 단 웨이터가 아주 반색을 하며 자리를 잡아주고 술을 갖다 준다.

불경기라 해도 노는 데는 아닌가 싶게 많은 남녀가 신나게 몸을 흔들고 있다. 가져 온 맥주를 한 잔씩 마시고 취한 몸으로 춤을 추는 곳으로 친구들과 나갔다. 현란한 불빛과 레이저 조명과 안개 같은 연기에 자욱한 모습과 귀를 따갑게 느낄 정도의 음악이 흐르고 있었다. 우리는 음악에 맞추어 춤을 추며 노래 부르는 가수들의 노래에 오로지 흔들기 위해 온 것 같은 빤짝이는 조명에 소리를 지르며, 춤을 추는 남녀들과 함께 어울렸다.

어느 면으로는 좋았다. 물결이 급하게 흐르는 여울목처럼 나도 한 번 미친 듯이 흔들어 보면서 조명이 순간으로 흐르는 사이에 춤을 추고 있는 사람들을 보다가 '아차!' 싶었다. 좌우를 천천히 살펴보니, 몸을 흔들고 있던 친구가 "왜?" 하며 다가와 귓가에다 묻는다.

"주위를 살펴봐. 야, 우리 또래는 없는 것 같고 30대, 40대 영계들 뿐 아니냐?"

친구가 주위를 한참 동안 살펴보더니,

"그러네." 한다.

그렇다. 온몸을 흔들기 바쁜 춤추는 사람을 보니 남자나 여자들 모두 우리 또래는 없고 아직은 젊음이 많이 남아 흐르는 청춘의 남녀들이 정신없이 흔들고 있었다. 주변을 샅샅이 살펴봐도 우리 나이 비슷한 사람은 없었다. 자리에 되돌아왔다. 자리에 남아있던 친구 "왜 빨리 들어 오느냐!" 한다.

"주변을 살펴봐라. 이 나이트에는 적어도 30~40대들이 노는 곳이지, 우리가 노는 곳이 아닌 곳 같다."고 했다.

주변을 살피던 우리 친구는 아무 소리 않고 맥주를 마셨다. 아, 세월이 이리 빠르다니, 우리가 이제 나이트도 가려서 가야 하는 나이더란 말인가!

놀 기분이 아니었다. 마시던 술이나 마시고 나가자 했다. 밖에 나오면서 서로 쳐다보며 그냥 쓸쓸히 웃었다. 집에 가려고 택시를 탔다. 옛 노래가 나온다. 가신님을 그리워하는 옛 노래가 흐른다.

"나는 몰랐네, 나는 몰랐네, 저 달이 날 속일 줄, 나는 울었네, 나는 울었네, 나루터 언덕에서" 하는 옛 노래가 라디오에서 구성지게 흐른다.

밖을 보니 보름달인가, 달빛이 환하게 빛나는 둥근 호박처럼 떠 있다. 눈가에 눈물은 흐르지 않지만, 내 가슴 어디인지 모르는 곳에서 "나는 울었네!" 하는 소리 메아리치듯 쓸쓸한 가슴에 들리는 것 같다.

들리는 라디오 음악을 가슴으로 따라 불렀다. 그 노래 제목을 기사에게 물어보았다. "저 구슬픈 옛 노래 제목이 무어냐?"고.

기사 답한다. "나는 울었네."라고.

2%를 찾아서

그 무엇인가를 바꾸고 도전할 시기 '그 무엇인가 지금과 다른 운명의 길을 걷자면, 사고나 생활의 방식을 바꿔야 할 때다.' 라는 것을 느낄 수 있다.

단, "무엇을? 어떻게? 어느 방향으로? 어떠한 구체적인 목적으로?"라는 물음에 나 자신이 아직 명쾌한 답이 나오지는 않았지만, 그 길도 가야만 한다는 것만 알 뿐 그 길 묘하게도 보일 듯 말 듯 안개에 싸여있다.

이 운명의 길에, 이 한 번 밖에 없는 이 삶에, 이 수준의 생활과 삶의 태도에 안주할 생각도 전혀 없기에 좀 더 내 영혼이 만족할 수 있는 삶의 각도와 길을 찾건만, 그 길 가깝게 바로 옆에 와 있는 것도 같은데, 구체적인 모양을 볼 수 있는 자욱한 안개는 무엇일까? 생각해 본다.

나는 간혹 생각해 본다. 나의 영혼까지 만족할 삶이란 무엇인가? 그렇다고 나 자신을 버리고 육체적 고행을 하는 기도나 수행하는 생활은 아닌, 철저히 나를 남에게 봉사하는 것만이 삶의 최고로 아는 길도 싫다. 금욕의 생활도 싫고, 종교 속에 묻힌 생활도 싫다. 나에게도 즐거운 생활 속에 걷는 인생의 길이고, 내 주위도 밝음을 줄 수 있는 생활, 그 길을 찾고 싶은데 이리 어려운가?

어떤 음료수 광고처럼 2%가 모자라는 것 같다. '그 2%가 무엇이고, 또한 언제 그 2%를 볼 수 있을까?' 생각해 본다.

그 누가 말했던가? 평범하게 사는 것이 인생의 참 행복이라고.

그러나 평범한 길도 행복은 아닌 것 같다. 내 곁에 와 있건만 보이지 않고, 느낄 수는 있지만, 구체적으로 알 수는 없는 그 길, 그 길의 갈증, 운명이 준 나의 그 길, 그 길을 찾고, 보고 가려고 오늘도 준비하고 걷는 하루를 보내련다.

보신탕

개고기로 만든 보신탕, 진한 양념을 곁들여 쭉쭉 찢어진 고기를 양념장에 찍어 먹는 맛도 좋으며, 소화도 그리 잘된다는 개고기는 소주 한잔에다 땀을 뻘뻘 흘리며 먹는 맛이 최고다.

보신탕에 얽힌 추억도 많다. 옛 어릴 적엔 복날엔 동네 어른들이 다리 밑에서 개를 매달아 놓고 요즘 말로 개 패듯 몽둥이로 마구 패서 개를 잡아 가마솥에 푹 삶아 고기를 찢어서 장에 찍어 소주를 곁들여 맛있게 먹던 생각이 난다.

어린 마음에도 개를 너무 때려죽이기에 "왜! 저렇게 패 죽이나요?" 물은 적이 있었다. 그 말의 답은, "몽둥이로 때려죽여야 고기도 부드럽고 맛이 있다"한다. 더욱 기막혔던 일은 학창시절에 고향이 시골인 친구 집에 놀러 갔는데, 저녁에 푸짐한 고기가 나와 잘 먹고 나서, 옛 시골에서 아무리 아들과 그 친구가 왔다고 이렇게 쉽게 풍성한 고기가 올라오는데 좀 묘해서, "이 고기 무슨 고기냐?" 물으니 오전에 친구와 친구 집에 갔을 때, 꼬리를 치고 반가워 해주던 누런색이었던 개를 우리가 가까운 곳에 놀려 갔다 온 사이에 잡은 거란다. 그렇게 꼬리까지 흔들고 우리를 반가워해 주던 개를 잡다니, 모르고 먹었기에 망정이지 그 뒤는 생각하기 싫었다.

우리만 있을 때 내가 친구에게 말했다. "야, 아무리 보신문화라지만 자기 집에서 키우던 정든 개를 잡아먹다니? 이것은 옛 중국의 식인 문화와 뭐가 다른가?" 친구 왈, "이런 시골에서는 복날 잡아먹기 위한 목적으로 키우다가 귀한 손님이 오면 잡아 대접하고, 그런 속에서 자랐기에 자기는 이상한 것을 모르겠다." 한다.

내가 말했다. "야, 이 친구야! 아무리 몸보신도 좋고, 귀한 손님 대접도 좋지마는 어떻게 사랑을 주었던, 어느 면으로는 서로가 좋아하는 교감이 가는 대상을 잡아먹다니, 앞으로 나 오면 절대 그런 대접하지 말고 너도 지성인 아닌가? 너도 앞으로 절대 그러지 마라." 했다.

그리고 젊은 시절 어느 날에 보신탕집 앞을 가는데, 그 보신탕집의 주인이 어찌나 관능적으로 생겼는지, 발걸음을 멈추고 멍하고 한참을 보았다. 아주 시설이 잘 되어있던 큰 규모의 보신탕 전문식당이었다.

당연히 그 뒤로 그 식당의 단골이 되었다. 적어도 일주일에 3번 이상은 친구들과 더불어 먹고, 마시러 갔었다. 단골이 되자 문제가 생겼다. 보신탕을 먹긴 먹지만 속셈은 딴 곳에 있었고, 결코, 크게 좋아하지 않았기에 주로 친구들을 사준 편이었다. 그런데 이 주인인 마담은 열심히 오는 나를 보고 특별히 만년필(개의 성기)이라는 특별 메뉴를 비공식으로 나에게만 살짝 주면서, "빨리 드시라."고 재촉을 하는데 그것참, 그런데 나는 이런 것을 별로 좋아하지 않았다.

입안에 씹히는 묘한 맛이 도저히 먹기 어려웠으나, 그 실상을 모르는 주인 여인은 내가 가면 필수적으로 활짝 반기며, 살짝 옆에 와 교태를 부리며 "어서 드시라"고 주는데 도저히 호의는 알겠으나, 먹기는 어렵고 어려웠다. 그 뇌쇄적인 미소와 몸매 그리고 교태는 가히 살인적이었으나, 도저히 그 이상을 더 가기 어려웠다. 그래서 눈물을 머금고 그 여인을 보러 가는 일을 그만두었다. 그 여인이 나에게 그 만년필이라는 것만 갈 때마다 안 주었더라면, 진행이 깊어져 서로 그리워하는 좋은 사이(?)가 될 뻔했던 일이 있었다.

그때 그 여인은, 내가 힘을 필요로 하기에 그곳에 가서 보신탕을 즐기는 줄 알고, 그렇게 열심히 만년필이라는 묘한 것을 열심히 챙겨 주었으리라. 그것보다는 그 여인에 푹 빠져 간 줄을 몰랐으니, 그래도 잘되었었다. 그 여인 신랑이 불을 켜고 옆에서 지키고 있었으나, 더 갔더라면 반드시 그 여인과 깊은 사이가 되어 많은 고통이 나에게 왔었을 테니까. 그 정도에서 끝난 것이 나나 그 여인에게 좋은 일이었으리라.

그리고 요즈음은 전혀 보신탕을 먹지 않는다. 나를 보는 철학관의 사람, 앞날을 본다는 스님, 귀신도 잡는다는 도사, 예언자라는 사람이 다른 사람들은 개고기를 다 먹어도, 나는 "절대 먹으면 안 됩니다." 하는 소리를 많이 들어 그렇게 개고기를 많이 좋아하지 않았나 보다.

그리고 나는 개들을 좋아하니, 하는 생각으로 개고기를 먹지 않는다. 먹고, 안 먹고는 개인의 자유지만은 나는 앞으로도 개고기를 안 먹을 것이다.

마창대교를 보면서 멋쩍게 웃어본다

멋진 다리였다. 바다 높이 서 있다. 마산과 창원 그리고 진해를 가깝게 연결해주는 '마창대교'다. 사장교로 물에서 상판까지 높이가 68m로 세계에서 제일 높단다. 다리를 건너오는데 아래로 보이는 바다와 섬 그리고 마산의 건물들이 어울려 머물며 보고 싶었으나, 적당하게 차를 세울 자리가 없어 아쉬움을 느끼며 천천히 가는데 뒤에 붙은 차가 빵빵거리기에 할 수 없이 빨리 넘어왔다.

우리는 사람들이 주변의 풍경에 취해 머물고 싶은 곳, 특히 다리 같은 곳에 왜 전망대를 만들지 않을까? 하는 아쉬움을 강하게 느낀다. 이렇게 세계 최고 높이의 사장교를 만들면서 많은 사람이 이 풍경을 느낄 수 있도록 어떤 공간을 만들었으면 얼마나 좋았을까? 하는 생각이 드는 것은 왜일까?

다리는 다리의 기능만이 다가 아닐 것이다. 사람들이 친숙하게 접근을 하고 그 주변의 뛰어난 경치를 즐길 수 있게 한다면 하나의 다리로 끝내는 것이 아닌 진정한 한 도시의 명물로 태어날 것인데 아쉽기만 하다. 직접 다리에서 멋진 경치를 즐길 수 없다면 내 딴 곳에서 다리를 보고 즐기리라, 하는 마음을 갖고 다리가 바다와 산과 어울려 시원하고 넓은 멋진 풍경이 보이는 카페로 갔다.

"내 고향 남쪽 바다 그 파란 물 눈에 보이네. 꿈엔들 잊으리오. 그 잔잔한 고향 바다" 가곡 '가고파'의 한 구절을 다른 일행이 듣던 말든 불러 보았다. 그리고 같이 간 일행에게 물었다. "나, 노래 잘하지?" 하고.

마산, 부산에 살 때는 간혹 왔었다. 얼굴도 기억이 나지 않는 여인과 손을 잡고 걸었던 가포 해수욕장, 그때 푸르고 잔잔했던 바다에 배를 빌려 같이 간 여자를 태우고 흥에 겨워 불렀던 노래였건만, 노래는 기억에 남아 있고, 그 푸르렀던 바다도 앞에 보이건만, 그때 같이 갔던 여인의 얼굴이 통 떠오르지 않는구나.

나는, 푸른 하늘에 높이 날고 있는 갈매기에게 전한다.

"갈매기야, 얼굴도 기억나지 않는 그 옛날 저 바닷가를 같이 걸었던 여인에게 전해주거라. 어디 살던 행복하게 잘 살라고!"

그리고 혼자 멋쩍게 웃어본다.

바보같은 사나이

친구하고 한 잔하고 나오는데 친구가 나보고 말한다.
"너는 바보 같은 사나이다."
"왜?"
"이 친구야! 몇 번 만났다고 뽀뽀냐? 너는 바보 같은 사나이다." 한다.
나는 징말 바보 같은 사나이인가?
오늘 친구와 몇 번 본 여인과 가볍게 술자리가 자연스럽게 이루어졌다. 우리하고 술을 같이 한 여인은 오십 대에 가까운 여자 같은데 옷차림이나 여자로서는 늘씬하다 못해, 유명한 모델처럼 날씬하면서 컸다. 자신의 몸매나 용모에 어떤 자신감을 느끼고 있는 여자 같았다.
예전에 레스토랑을 했단다. 별 재미를 못 보고 문을 닫았단다. 자신의 모든 것에 자신이 있기에 레스토랑을 했으나, 결국은 문을 닫았단다. 무엇인지 모르지만 그 이유를 알 것도 같다. 술친구로는 좋았다. 연예인 못지않은 몸매, 화사한 얼굴, 풍부한 상식, 그리고 좌석을 부드럽게 이끌고 가는 재치 등 괜찮은 쓸 만한 여인이었다.
술을 한잔하면서 농담도 하고 사회에 문제 있는 사안에 관해 이야기를 해도 막힘없이 자신의 의사를 부드럽게 이야기하는 재치도 있는 여인이었다. 그 여인하고 대화하며 시간을 보내다 보니, 그 여인이 가진 몇 가지가 마음에 들었다. 그래서 술을 마시다 그 여인을 물끄러미 보다, 그 여인에게 말했다.

"아주 굉장히 마음에 드는 여자, 기분이 아주 좋은데 우리 친구로 뽀뽀 한번 할까?" 하고 입술을 뾰쪽이 해서 내밀자, 이 여인 웃으며 질색을 한다.

내가 말했다.

"뭐 하자는 말도 아니고 우리가 몇 번 보았고, 그대가 하는 행동 마음에 드니 기분 좋게 알고도 싶고, 뽀뽀 한번 하자고, 별 무리도 아니잖나?" 하니 그래도 웃으며 싫단다.

"그럼, 싫으면 말고." 하고 나도 웃으며 끝냈다.

그 뒤로 술도 더하고 기분 좋게 시간을 보내고 그 여인을 보내고 친구하고 나오는데 친구가 나보고 '바보 같은 사나이' 란다.

몇 번 술자리도 같이 하고 대화도 재미있게 통했으며 매력도 있는 여인이기에 앞으로 친구를 하고 싶어 그 여인의 마음이 진짜 부드러운가, 차가운가를 뽀뽀를 통해 느끼고 싶어서 "뽀뽀를 하자." 했는데, 친구 나보고 바보 같은 사나이란다.

조금 더 시간을 갖고 감정의 교류도 하고 언제 분위기를 잡아 아주 평안한 상태에서 부드럽게 키스를 하든, 말든 하지 술 마시다가, "당신 맘에 든다. 뽀뽀하자!" 하면 대한민국에서 뽀뽀할 여인이 몇 명이나 될까, 한 명도 없을 거다. '너는 바보 같은 사나이다.' 라는 결론이다.

처음 본 것도 아니고 몇 번 술자리도 같이하고 대화도 나누었으며 그녀의 재치도 느꼈으며 강한 기질도 아는데, 아무런 이유도 없이 남자들이 뽀뽀하자면 그냥 있을 여인은 아니기에, 한잔 술에 흥취를 느껴 사심 없는 마음으로 어느 외국의 인사처럼 스스럼없이 여인을 보고 '뽀뽀 한번 하자' 했다고 그것이 모자람, 멍청함일까?

교류가 있는 마음에 드는 여인 보고 '우리 뽀뽀 한번 할까?' 가 과연 멍청한 자의 행동일까, 그냥 입 다물고 있는 것이 편안한 것일까, 뽀뽀 한번 하자고 했다고, 과연 나는 바보 같은 사나이인가, 과연 상대에게 뽀뽀하자 한 것이 친구가 보아서 어느 흐름을 깨는 멍청함의 상징이었단 말인가.

가슴 속에 한마음의 칼을 품고 있어도 겉에는 미소를 띠고 있는 것이 현명한 행동인가 보다. 다음에 그 여인 만나면 한번 물어보리라……

바람이 겨울의 가장 춥다는 소한의 밤에 부는가 보다. 창밖에 바람 소리 요란히 들린다. 과연 나는 '바보 같은 사나이' 인가?

봄 날 같은 겨울 날에 땀 좀 내다

 따뜻한 날씨다. 지겨웠던 100년 만의 추위라는 겨울 날씨가 바로 봄 인양 따뜻하다. 주말이라 농장에 왔기에 주변을 한번 산책할까 하다가, 농장을 한번 돌아볼까 하는 생각으로 복장을 준비하고 나갔다.
 겨울 동안 마른 풀을 먹느라고 고생한 애마 꽃분이가 '반갑다.' 인사하듯이 나를 보고 성큼성큼 다가온다. 사람이란 변하게 되어있는가 보다. 한동안 승마에 푹 빠져 있을 때는 추위도, 더위도 문제가 아니었는데, 열정이 사그라진 요즘엔 말 타기가 귀찮다. '귀찮다' 라기보다는 말을 훈련하고, 승마하고, 샤워까지 해야 하는 것이 번거로워졌다고 하는 것이 더 맞는 것 같다. 그리고 시골의 길들도 다 포장이 되어있기에 말을 타고 제대로 뛸 만한 곳도 없다. 그래도 내가 좋아했던 말이고, 나를 태워 다니던 말이기에 농장의 한쪽에 울타리를 쳐 말이 다른

곳으로 나갈 수 없게 하고 방목해서 키우고 있다. 그 동안 등산 및 자전거에 취미를 돌리고 열심히 즐기기 위해 노력하다 보니, 말 타는 기회가 별로 없었다. 그래도 농장에 오면 애마를 보는 것이 즐겁다. 이 말도 나를 보면 반가운지 항시 빠른 걸음으로 다가온다. 이 말이 풀이 없는 계절인지라, 방목장 안에 있는 적은 나무의 잔가지까지 다 먹어치운다. 하루에 두 번 주는 사료나 사료를 줄 때 같이 주는 건초가 적은지, 푸른색이 있는 적은 소나무까지 먹는다. 그리고 꽃나무의 적은 가지도 먹어버린다.

  방목장 안에 있는 나무들이 성장하는데 지장이 있을까 봐, 나는 방목장을 좀 줄이기로 하고 작업에 들어갔다. 쇠 파이프를 이용해 구멍을 내고, 그 위에 적당한 나무를 잘라 말뚝을 박고 그 위에 두꺼운 밧줄을 둘렀다. 별로 힘든 작업이 아니기에 시간을 넉넉히 갖고 작업을 했으나, 막상 하다 보니 그리 쉬운 일이 아니었다.

  쇠말뚝을 박아 구멍을 내고, 나무말뚝을 또다시 박고, 나무말뚝 옆에 작은 돌로 쐐기를 박는 작업이었는데, 톱질과 말뚝 박기, 망치질 그리고 굵은 밧줄 두르기를 하니 땀도 흐르고 연속적으로 해야 하는 톱질이 쉽지 않았다. 몸을 쓰고 힘을 내는 작업은 평소의 단련이 필요한데, 요즈음 체력을 단련하지 않아서인지 무척 힘이 들었다. 이 단순한 작은 작업도 땀이 흐르는 작업처럼 시골의 모든 일은 땀을 요구한다. 봄 날씨 같은 겨울날, 불어오는 바람이 싱그럽게 느껴지는 날에 망치 높이 들어 말뚝을 박는 나의 몸에 봄의 기운이 막 들어오는 것 같다.

산다는 것이 무얼까?

이 햇볕 따뜻한 겨울에 봄을 느끼며 힘차게 망치질도 하고, 맑은 겨울의 공기 실컷 마시며 하는 작업, 이런 작업에서 땀의 보람을 느끼는 것 또한 우리가 산에 오를 때 길옆에 핀 꽃을 보고 아름다움을 느끼는 마음처럼 우리가 살아 있음을 느끼게 하는 좋은 시간이 아닐까!

오늘은 술을 마시지 않고, 평범한 일을 하며 인생의 한 부분을 즐겼다.

바닷가 호텔에서

호텔의 창 너머로 바다가 보인다.

피곤한 몸으로 밤늦게 와서 잠은 잘 잤다. 기지개도 크게 켜보고 몸도 틀어 보고 어제의 일을 떠올려 본다. 상대방의 요구가 터무니없이 느껴졌다. 되도록 감정을 드러내지 않고 그 자리가 끝날 때까지 웃고 지키고 있었지만, 속으로는 괜한 발걸음이었구나 하는 실망을 버릴 수가 없었다.

어떤 거래도 쉬운 거래는 없지만, '최고의 타자도 겨우 3할의 타자가 아니던가?' 하는 생각으로 위안을 삼는다. '어디 인생이 쉽던가? 어렵기에 그것을 푸는 즐거움도 있지 아니한가?' 하는 생각을 해본다.

쉬운 일은 누구나 하는 일, 어려움을 넘는 자는 나름대로의 생각으로 살아가는 삶이 아닐까 한다. 몇 가지 문제를 떠올려본다. 일의 우선순위를 정한다. 빨리 처리할 일이 무엇인가 생각한다. 처리될 일이 무엇이고, 내가 걱정해도 처리가 안 될 일이 무엇인가 분류한다. 처리할 일을 처리하기로 하고, 생각해도 처리할 수 없는 일은 되도록 그 문제를 해결할 시간이나 장소에 갔을 때 생각하기로 하고, 머릿속에 감춘다.

　감추기 어려운 문제는, 생각이 나지만 적게 생각하기로 하고 머리를 정리한다. 많은 생각은 오히려 여러 가지 혼선을 일으키기에 적게 생각하고, 몸을 움직일 생각을 한다. 머리가 복잡할 때는 행동하는 것이 최고의 방법! 어제 떴던 해가 오늘도 떴고, 또한 내일도 뜨는 것처럼! 어제 해결 못 했던 일을 오늘 해결하고, 오늘 해결 못 할 일은 내일 해결 하면 되는 것 아닌가! 바다가 보이는 호텔이다.

아침에

비 내리는 대전의 아침이다.

간밤에 부산에서 업무를 끝내고 밤늦게 자동차로 올라와 잠을 자서 잠이 좀 부족한 것 같으나 아침에 할 일이 있기에 정신을 가다듬고 일어났다. 오늘도 새로운 시작. 무엇인가에 도전하는 나만의 시간이 펼쳐지리라. 나는 영원히 사는 것은 재미없다고 본다. 그러기에 종교에서 이야기하는 내세의 천당이나 극락이 필요 없다. 하기에 '사후의 평안을 위하여 믿으세요.' 하면 그냥 싱긋이 웃는다. 언젠가는 끝이 있기에, 그 순간이 올 때까지 인간으로서 노력할 수 있는 즐거움이 얼마나 큰 것이냐!

어제와 다른 이 하루의 시간이 나에게 펼쳐지는 것 아닌가? 솜사탕처럼 감미롭게 좋은 하루이든, 난관이 닥쳐 신음이 나오더라도 죽어 느낄 수 없는 무의미보다는 좋지 않은가!

어제의 아주 늦은 시간의 고속도로, 휴게소에서 잠을 깨느라고 넓은 주차장에 주차했다. 차 3대만 덩그러니 있고, 밝은 등 아래 밤의 고요가 흐르고 한쪽은 불빛이 밝은 휴게소였다. 몇 분이 한가하게 무언가를 먹고 마시는 모습을 보면서 한적한 곳을 걷노라니 적막한 느낌을 받으면서도 어떤 삶의 시간이 높은 산 능선에 실개천처럼 흐르는 구름과 같이 흐르고 있음을 느꼈다.

고속도로를 달리는 간혹 보이는 차들의 불빛, 주차장의 아주 밝은 불빛과 차 몇 대만 보이는 넓은 터, 한쪽에 보이는 따뜻한 고객을 위한 쉼터 그리고 나무 아래 검게 그늘지며 바람의 흐름만 느껴지는 짙은 밤의 어둠이 묘하게 어우러져 교차하고 있는 곳을 천천히 걷노라니, 인간으로 느낄 수 있는 가슴속의 깊은 곳에서 나오는 몇 가지 마음의 맛이 나온다. 씁쓸한 맛인가, 고요의 맛인가, 허전의 맛인가! 무엇인지 비어 있는 듯하다. 가벼운 외로운 맛인 듯한 기분을 느끼면서, 그 묘한 맛을 느끼고 맛을 보면서 이렇게 이 시간에 이 순간에 걷고 있음을 즐거워했다.

앞날에 대한 불안도 간혹 느낄 수 있지만, 긍정적인 생각으로 즉시 지운다. 하기에 나는 '긍정의 사나이!' 하고 나 자신을 생각한다.

행복과 불행이 앞에 있으면 되도록 항시 행복의 길을 가려고 노력한다. 오늘도 비는 오지만 부드러운 미소 가슴과 얼굴에 띠며 이 하루를 보내려 한다.

그래도 좋은 날_
고향 · 개고기, 죽다가 살다

내 고향은 강경이다.

때로는 황토의 누런 물이 흐르고, 때로는 하늘의 푸름을 담은 푸른 물이 흘렀던 곳.

강바람에 갈대가 물결치듯이 흘렀던 곳이다. 겨울의 매서운 바람에 은물결이 차갑게, 차갑게 흐르는 곳이었다. 많은 사연을 갖고 흐르는 강물 위에 나루터를 부지런히 오가는 나룻배와 뱃사공의 모습, 정겨웠던 곳이다.

바다의 등대에 비해 자그마한 앙증스런 등대, 옥녀봉을 배경으로 우뚝 서 있던 곳이다. 초등학교 5학년까지 문만 열면 샛강인 곳에서 살았다. 여름이면 왕 잠자리 잡으려 애브렁(왜 "애부렁"이라고 하며 잠자리를 잡았는지 지금도 모른다) 잡은 잠자리를 실에 묶어 돌리면 숫 잠자리 달라붙어 잡았던 일, 암 잠자리가 없으며 호박꽃을 따서 그 안의 노란색의 꽃실을 칠해서 수놈을 암놈으로 둔갑시켜서 왕 잠자리 잡던 곳.

밀물 때 물이 들어오면, 수초를 잔뜩 모아 뗏목처럼 타고 헤엄을 치며 놀았던 곳이다. 겨울에는 새벽, 어둠이 채 가시기 전에 창문 밖에서 친구들이 "썰매 타러 가자."는 소리에 눈 비비며 일어나, 나무 썰매 옆에 끼고 추운 줄도 모르고 "아침밥 먹으러 오라."는 소리가 날 때까지 썰매를 타던 추억, 썰매를 타다 얼음이 꺼져 옷을 버리면 나무로 불을 피워 옷을 말리다 부주의로 옷을 태워 먹어 종당엔 어머니에게 부지깽이로 맞았던 곳이다.

오랜 세월이 흐른 지금은 강변의 둑에 서서, 그 유유히 흐르는 강물만 보더라도 스쳐 간 지난 날 어릴 적의 모습이 아스라이 떠올라 지금의 나를, 애잔한 그 무엇인가가 가슴 깊은 곳을 설레게 하는 마음을 주는 곳이다. 걷기보다는 강둑을 무수히 같이 뛰어다녔던, 그때의 동무들 그리운 곳이다.

고향의 모임이 있다. 고향의 옥녀봉에 서 있는 고향을 지키는 고목을 내세워 그 모임을 '팽나무 언덕'이라 한다. 고향의 선배, 후배 그리고 그곳에 인연이 있는 분들, 그리고 많은 친구가 있기에 언제나 고향의 소식을 알 수 있는 곳이다.

이번에 한 친구가 사업상 중국에 가 있다가 귀국했다. 귀국기념으로 자기의 현 거처지 증평의 한 별장 겸 숙소에서 한잔을 낸다 해서 모임을 가졌다. 다른 모임보다 고향의 반가운 모두를 볼 수 있기에 열일을 제쳐서 놓고 부지런히 차를 몰고 증평의 친구를 찾았다.

30여 명이 넘는 다 알 수 있는 반가운 얼굴들을 보았다. 기쁘게 만나 서로의 안부와 근황을 묻고 기뻐하며 별장의 옆 넓은 터에 먹고 마실 수 있는 자리를 마련했다. 이 잔치판의 주 메뉴음식이 개고기였다.

　개고기 수육에, 무침에, 그 걸쭉한 국물 등 맛있게는 보였으나, 개고기를 빼면 먹을 만한 것이 없었다. 오늘의 주역인 친구, 자기가 중국에 가서 외롭고 적적함을 풀려고, 하루에 한 병 정도를 마셨다는 53도의 백주를 내어 놓는다. 그 향은 고량주와 같았으나, 더 좀 부드럽고 깊은 향과 맛이 났다. 개고기를 빼고 나면 명태로 만든 코다리와 한 마리의 오리백숙이 있었으나, 30명이 넘는 인원이었기에 백주를 오이 안주로 손가락만 빨다시피 마시고, 또 후배가 가져온 양주까지 마시고 나니 취기가 확 몰려왔다. 너무 취하기에 이층의 조용한 방을 찾아가 침대에 잠시만 자려고 누웠다. 한 숨 자고 나왔다. 한 시간 정도 자려 했으나, 벌써 3시간이 흘렀다. 아래층에 오니 좀 조용하다. 벌써 서울의 친구들과 빨리 가야 할 사람들은 가고, 나머지 친구들만 남아있었다. 재차 술자리가 시작되었다. 그런데 이번에도 개고기 주종의 안주와 음식이다.

　"개고기 말고 딴 음식은 없느냐?" 하니 라면은 있단다.

　라면을 끓여 달라 해서 라면을 안주로 술을 마시고, 나중에 그 국물에 밥을 말아 먹었다. 요즈음 라면에 밥 말아 먹은 지 언제였는지 모르게 오래전이었는데. 할 수 없었다. 먹을 수 있는 것이 개고기 종류를 빼면, 라면밖에 없었으니, 안주도 없이 깡 소주 마시듯 53도의 중국 술 백주를 또 마셨더니, 그 취기가 파도가 밀려오듯이 몸을 가늠하기 어렵게 한다. 나는 대취해 정신없이 잤다.

눈을 떠 보니 새벽이다. 주변을 둘러보니 각 방에서 친구들 곯아떨어져 자고 있다. 생각해 봤다. 개고기 류 밖에 없는 이곳의 상황, 이렇게 속 쓰리고 울렁거리는 위를 달래줄 방법도 없고, 먹을 수 없는 개고기 냄새를 맡고 또, 라면을 먹을 수도 없는 처지였다. 농장의 안전도 확인하자고 생각하고 깨어 있는 친구에게 "농장을 점검하러 일찍 가야 하니, 딴 친구들 더 자게 조용히 갈란다. 잘 있어라." 인사하고 나왔다.

고속도로를 달렸다. 가장 가까운 고속도로 휴게소에 들렸다. 속 풀이를 할 음료수와 국물이 시원한 음식을 먹었다. 진한 커피까지 한잔 사서 비가 오기에 여행객이 적은 휴게소의 넓은 의자에 편안하게 앉았다. 죽었다 살아난 기분이다. 속은 아프고, 메슥거리고 쓰려도, 안주 없이 많은 술을 마셔 고생은 했어도 개고기를 안 먹은 것은 잘했다 싶다. 이것저것 맛을 떠나 나하고 사랑의 교감이 되는 개를 먹을 수는 앞으로도 없다. 나를 좋아하는, 나의 농장의 개들, 나의 친구의 친구는 나의 친구일 수 있는 것, 나를 좋아하는 마음이 오가는 개와 나, 나의 친구와 같은 개를 아무리 식용의 개로 키운 고기라지만 먹을 수는 없었다.

앞으로는 개고기 먹는 모임에는 누구의 배려를 바라지 말고 '내가 몇 마리 통닭이나 다른 안주들을 준비해서 개고기를 못 먹는 분들에게 배려해야겠구나.' 하는 생각을 했다. 그 점을 준비 못 한 것이 나의 불찰이었다.

그러나 하루를 돌아보니, 고향의 향을 많이 맡은 날, 개고기 때문에 안주 없이 과하게 마셔 고생도 한날이다. 그래도 좋은 날이었다.

나의 봄 날은 간다

　벚꽃이 흐드러지게 피어있는 아래를 걸어본다. 작년의 이맘때 피어 있었던 벚꽃 같다. 봄에 피는 벚꽃은 겨울이 갔음을 확실하게 증명하는 봄의 전령사다. 겨울이 아무리 머물고 싶어도 벚꽃이 활짝 핀 이상은 더 머물고 있는 겨울은 조금은 봐 주기가 어렵다.
　오늘도 느꼈지만, 저 멀리 걸어오는 여자의 의상이 화려하고 예뻐, '아, 어여쁜 아가씨인가!' 했는데, 가까이 다가와 보니 몸매와 옷차림은 분명 아가씨인데 얼굴을 보니 적어도 50대라, 스쳐 지나가는 순간 가슴이 왠지 모르게 불편했다. 누구나 젊게 보이는 것이야 좋겠지만, 그 나이의 얼굴과 왠지 어울리지 않는 너무 젊은 옷차림을 보면 불편하다. 가슴이 무겁다. 아니, 하나 남아 떨어지지 않으려고 발버둥치는 마지막 잎새를 보는 것 같아 무겁다. 젊게 입더라도 어떤 보이지 않는 선이 있는 것 같은데, 이런 시각으로 지나가는 여인의 옷에 불편을 느낌은 나도 굳어진 사고의 인간이란 말인가! 하며 한참을 쓴웃음 지었다.
　그리고 만일 스쳐 간 저 여인이 나하고 팔짱을 끼고 걷는다면, 하니 웃음이 절로 나온다. 지나간 여인을 뒤돌아 한참을 봤다. 화려하게 눈

부시게 활짝 핀 벚꽃, 며칠 안에 바람이 부는 날 그 꽃잎들은 하늘에 흰 눈꽃 되어 날리리라. 그 바람에 날리는 벚꽃의 꽃눈들, 활짝 피었다가 순간에 사라지는 눈부신 꽃잎들을 생각하니 어느덧 지는 우리의 삶처럼 애잔함을 가진 것 같다.

이 꽃잎 아래 다시 걸으려면 기쁘던 슬프든 어렵든 적어도 일 년이라는 시간을 보낸 후, 다시 볼 수 있으리라. 손잡고 거닐 순간은 좋겠지만, 조만간 보내야 하는 연인과 걷는 것처럼, 벚꽃의 아름다움과 그 화려함 뒤에 오는 꽃이 지면서 날려야 하는 아름다움의 슬픔을 느낄 수 있다.

화려한 꽃의 눈부심에
깊어갈 봄의 환희에
날리며 지는 꽃잎의 아름다운 이별에
맑은 하늘의 푸름에 젖어
봄의 훈훈함을 가슴 깊이 느끼며
조금은 애잔함을 느끼며
걸어 봄은 내가 인간이기 때문인가?

이렇게 나의 봄날은 간다.

'섬'

섬으로 여행을 떠났었다.

나에게 다가오는 현실의 여러 문제에서 벗어나 좀 더 새로운 어떤 기운을 얻기 위해 가방을 둘러매고 섬으로 갔다. 마음속으로 언제 한 번 가봐야지 하고 그리고 있었던 섬을 찾아 갔다.

배를 타고 오후에 섬에 도착 했으나 비가 내리기에 가볍게 한잔을 하고 바닷가 옆의 여관 보다 깨끗한 아니 겉모습이 깨끗해 보이는 민박집에 갔다. 민박집 밖에 '모텔식 깨끗하고 인터넷 됨' 이란 글씨에 끌렸기에 갔다. 안으로 들어가 숙소를 잡고 인터넷은 됩니까? 물으니 방 하나에 몇 만원 받고는 타산이 맞질 안아서 선만 깔아 있지 인터넷 은 안된단다. 기가 막힌 상술이다. 아주 큰 문구로 사람을 끌어놓고 안으로 오니 그 말은 거짓이라 하니……. '나갈까?' 하다 피곤도 하고 작은 섬안의 숙소치고는 깨끗했고 빨리 샤워를 하고픈 마음에 그곳에 머물렀다. 밤사이에 파도 소리인지 바람소리인지 섬의 소리를 들어가며 잠을 잤다.

눈을 뜨고 커텐을 열고 밖을 보니 어둠이 밀려가는 여명의 아침이다.

여섯시 가까운 시간이 었다.간단히 세수를 하고 가방매고 밖으로 나왔다. 숙소 바로 옆이 바다 였다. 바다 옆으로 난길을 걸어보았다.어둠이 서서히 밀려가며 동쪽에 밝은 빛이 바다에 빛난다. 가슴에 새로운 기운이 들어오는 것 같다. 깊은 심호흡을 여러번 했다. 도시의 가슴 속의 찌꺼기 이곳에 놓고 저 해와 이 바다의 신선하고 새로운 생명의 기운 가슴에 가득 넣고 또 넣었다. 바닷가를 걷는 발길에 아침의 시원한 바람 부드럽고 감미로움으로 불어온다.

인생은 별것이 아닐진데……. 그렇게 그렇게 대충 살아도 될것 같은데……. 간혹은 이렇게 상그러운 새로운 환경과 바람이 필요하니.

몇시간을 걸었다. 별 생각 없이 바다와 하늘 그리고 멀리 보이는 섬을 보면서 걸었다. 이른 시간이라 사람들이 없었기에 나만의 시간을 음미하며 걸었다.

파도 소리를 아침의 노래로 들어가며 느릿하게 걸어보았다.

아침의 햇살이 잔잔한 파도에 부서지며 빛난다. 검푸르게 보이는 섬들과 바다위에 가는 배를 바라보며 벗 인양 힘차게 날으는 갈매기를 친구 삼아 그렇게 걷다 왔다.

사주 잘 보는 대단한 사람

계룡산으로 올라가기 전에 있는 사주 카페에 갔다. 이 카페에서는 차를 팔고 또 사주팔자를 봐 주는 사람이 있는데 사주를 본 몇 사람이 말하길, 그리 잘 본다고 소문이 자자하단다.

몇 사람이 사주를 보러 간다고 하기에 내가 이곳까지 태워다 주었다. 그들이 나오길 기다리면서 쌍화차를 한잔했다. 넓은 창으로 보이는 동학사로 가는 길은, 요즈음 연속되는 추위 탓인지 절에나 산으로 가는 사람이 별로 눈에 보이지 않고, 찬바람만 불고 있다.

밖에 날씨가 춥기에 마시는 차가 더 맛있게 느껴진다. 몹시 추운 날, 차 안에서 느끼는 따뜻함이 강하게 느껴질 때가 있다. 내가 누리는 어떤 부분이 겉과 안의 차이가 날수록 느낌이 더 짙게 느껴지나 보다. 남의 불행을 보아야 나의 행복을 느껴짐의 깊이나 차이가 다르지 않을까?

밖이 몹시 춥기에 밖을 보고 마시는 차의 맛이 평안함까지 더불어 느낀다. 그들이 나온다. 나 보고 말하길 여기까지 왔으니, 나의 사주도 한 번 보란다. 나 역시 그리 바쁜 일도 없고 밖은 찬바람이 매섭게 불기에 나의 사주를 보아도 될 것 같기에 "좋다!"하고, 사주를 보아주는 사람이 있는 곳으로 자리를 옮겼다.

그리고 일행들에게 말하길 "내 사주를 감추고, 말고 할 일도 없으니 옆에서 같이 들어 보세요."했다. 내 생년월일과 내가 태어난 시간을 이야기해주었다. 내가 말한 것으로 한참을 노트에 여러 가지를 계산하고 뭐라고 적더니, 좀 시간이 흐르자 내 사주가 다 나왔단다.

그가 말했다. 외유내강의 사람으로 누가 건들지 않으면 남에게 해를 주지 않는 사람이란다. 자존심이 강하기에 자존심이 상했을 때가 문제가 있단다. 받는 것보다 주는 것이 훨씬 많은 팔자이기에 남을 많이 도와준단다. 참을성도 많단다. 끊임없이 앞으로 나아가는 성격이란다. 주변의 여자들에게 인기는 많으나, 이 여자라고 할 수 있는 사람이 없는 외로운 팔자란다. 남의 이야기를 잘 듣는 것 같지만, 모든 결정은 혼자 한단다. 다른 사람에 비교하여 늦게까지 복이 있고, 전진하며 활동한단다. 장수할 팔자란다. 복이 벌써 2~3년 전부터 왔는데 꾸준히 20여 년 간단다.

좋은 말의 연속이다. 보기 드물게 좋은 팔자란다. "그만."하고 그 사람의 말을 멈추게 했다. 충분했다. 지금까지의 좋은 말의 연속이라면 되었다 생각했다. 더 말을 많이 해, 혹 나쁜 말이 나오면 그런 소릴 들을 필요는 없을 것 같기에 그 정도에서 끝냈다.

옆에서 말한다. 이것저것 더 물어보라고 한다.

내가 말했다. 내 생각과 사고를 갖고 내 나름대로 나아 간다는 사람이 난데, 더 물어볼 것도 없고, 알 것도 없다. 하며 사주팔자를 봐준 값을 내고 나왔다. 나오면서 세상 모든 것은 공짜는 없다고 생각했다.

내가 생각해도 나의 기질과 몇 가지 부분을 맞추는 것 같다. 이러기에 내일이 궁금하거나 불안한 사람들이 이런 운명철학에 빠질 도리밖에 없는가 보다.

그러면서 앞으로 내 운명, 그 사람이 이야기 한대로 20여 년 꾸준히 정진하며 주위를 이롭게 하고, 부와 명예가 따르는 시간이 나를 기다리기를 바란다.

좋은 소리 들으니 안 들은 것보다는 좋다.

"그 사주보는 사람, 참! 사주 잘 보는 대단한 사람 같다!"

장마, 나도 인간이지

　비가 시원하게 내린다. 고속도로를 달리려니 일부 구간에서는 앞이 보이지 않을 정도로 쏟아진다. 라디오로 뉴스를 들으니 여러 곳에서 물난리가 나서, 사람이 목숨을 잃고 많은 재산상의 큰 피해를 보았단다.

　인간이란 자세히 보면 참 묘한 구석이 많다. 만물의 영장이기에 이 지구에서 우주를 향한 꿈을 키우고 있고, 이렇게 보면 인간만이 자연을 바꿀 수 있고, 신의 영역이었던 수명까지도 늘리고, 아니 어찌 보면 신도 인간이 만든 것이 아닌가 할 정도로, 인간은 뛰어나지만 어떻게 매년 주기적으로 오는 장마, 즉 해마다 되풀이되는 비에 그렇게 피해를 보는 사람이 많은가?

　며칠 있으면 이 비는 그칠 것이다. 장마는 물러가고 더위가 기승을 부리고, 좀 시간이 가면 가을이 오고, 그 뒤는 겨울이 온다는 것은 우리 누구나 알 수가 있다. 이렇게 계절의 변화가 규칙적으로 움직이고 있는데, 매년 비슷하게 물난리가 나 전답이 물에 잠기고, 해마다 물에 취약한 지역은 규칙적으로 물에 당하고, 산사태가 일어나 사람이 죽고, 도로가 유실되어 통행이 끊어지고 하는 악순환이 반복되는 것일까?

해마다 정기적으로 오는 장마를 미리 대비하여 그 피해를 최소화시킬 순 없는 건가! 아니면 이 정도가 우리 인간 능력의 한계인가!

인간의 멍청함, 모자람은 동전의 양면처럼 필연인가? 비가 많이 올 때 우리나라의 수도 서울을 TV로 보면, 똑똑한 사람들의 한계를 볼 수가 있다.

한강의 잠수교를 보라!

분명히 뛰어난 사람들이 머리를 써서 잠수교를 한강에 세웠다. 그 잠수교가 비가 많이 오면 물에 잠기기에 잠수교지만, 걸핏하면 물에 잠기기에 그 다리를 이용하던 사람들의 불편함을 몰랐을까! 잠수교를 세웠기에 한강의 상류에서 하류의 뱃길 통행을 할 수 없어 멋진 유람선이나 현대적인 배들이 서해에서 멀리 경기도나 강원도까지, 아니 한강의 상류인 경기도도 갈 수 없는 현실이 된다는 것을 그 똑똑한 사람들이 왜 몰랐을까?

그 다리를 놓으면 장마철에는 큰 불편이 따른다는 것을 정말로 계산하지 않고 그 다리를 놓았을까! 비만 좀 왔다 하면 물에 잠수한다는 잠수교의 모습을 TV에서 볼 때마다 한 치 앞도 못 보는 멍청함의 표본을 보는 것 같다. 아니 정책의 입안자들은 잠수교를 보고 "비가 올 때의 잠시의 불편이다. 봐라, 그래도 대한민국의 자랑이자 서울의 자랑이다."라고 할 것인가?

나는 그런 다리는 누군가 똑똑한 사람이 나와서 "좀 불편해도 매년 몇 번씩 불편을 정기적으로 주는 다리 없애자. 그리고 다리를 높이 세

워 서해에서 아니 중국에서 바로 남한강이나 북한강까지 갈 수 있는 뱃길을 열자. 우리도 편하고 뱃길로 중국인들을 많이 데려와 외화를 벌자."하는 정치인이 나왔으면 한다. 그리고 장마철 아니 평상시에도 상류에 비만 많이 오면 물에 잠기는 잠수교의 모습을 보고 이게 답답한 우리의 한계인가? 하는 생각을 한다.

　몸에 고름을 가만히 두고 그때그때 반창고만 붙여놓으면 살이 된단 말인가?

　이렇게 서울도 매번 되풀이되는 엉터리 모습을 정기적으로 TV에 보이는데, 시골이나 지방의 장마 대처 방법은 뻔하지 않을까?

　이 비는 내년에도 반드시 내릴 것이다. 올해의 피해도 그렇지만 내년의 피해도 비슷하지 않을까? 주룩주룩 내리는 비를 보고 생각한다. 그래, 나도 인간이지!

소쩍새 우는 밤

소쩍새 우는 소리가 들린다.
올해 처음 들어본다.
그 옛날 우리가 가진 게 없어 어렵게 살던 그때, 못난 시어머니를 만나 굶어 죽은 며느리가 새로 태어나 운다는 새의 울음소리. 술에 취한 듯, 깬 듯 미묘한 시간 속에 어제 본 여인의 감미로움을 떠올리며 듣는 밤의 소쩍새 우는 소리.

우리에 갇힌 맹수를 보며 우리가 웃고 즐기듯, 기분 좋게 한잔하고 편하게 잠을 자며 듣는 소쩍새의 그 울음소리, 엎드려 누워 자며 부드러운 이불의 감촉을 손끝에 느끼며 듣는 밤에 우는 새소리, 감미롭기만 하다.

나는 자는 자세를 바로 해본다. 내 영혼의 날개가 있다면 날아가 굶어 죽은 서러움 잊지 못해 우는 새에게 가 그 손 잡아주련만, 슬픔도 말하면 없어진다고 하던데 그 새의 슬픔도 저리 밤새워 우는 것도 그 가슴에 큰 위안이리라.

산다는 것은 기쁨도, 슬픔도 같이 가는 것이 아닐까? 내일을 생각해본다. 해결할 골치 아픈 일이 몇 가지 있고, 그 일이 생각난다. 오늘

저렇게 근사하게 우는 새소리를 귀가에 들어가며 골치 아픈 내일을 생각한다! 지금 생각해도 소용없는 내일의 문제……. 내일은 내일의 해가 뜰 것인데 괜히 오늘 이 좋은 밤에 생각해 무엇 하리.

어차피 신은 우리 인간을 만들 때 숙제도 주고 그 답도 주었을 것이다. 숙제만 주고 답도 안 주는 신은 신도 아닐 테니까, 죽으나 사나 빌어야만 축복을 주는 신이라면, 나의 신은 아니리라. 보통인 나도 이렇게 생각하는데, 절대적인 신들과 그를 믿는 사람이 가득 깔린 오늘날 인간들의 흐름이야말로 어렵다면 신이 인간이 예쁘고, 귀여워서 잠시 장난으로 고통을 주는 것이 아닐까?

"위대한 신이 인간을 오래 미워하지는 않으리."

"오! 신이시여, 많은 사람이 웃고 살게 해주시기 바랍니다."

잠결에 소쩍새 우는 소리 들어가며 이런 생각하고 자는 것은 잠에도 좋으리라.

수달에게 경고함

내가 판 연못이다.

샘물처럼 아래에서 물이 솟아올라 가물어도 물 마르지 않고 수련 이쁘게 피는 곳이다. 이곳에 잉어를 키운다. 연못에 가 먹이를 주니, 다른 때 같으면 팔뚝 만한 잉어가 먹이를 먹으려 올라 오는데 오늘은 작은 고기들만 올라온다. 농장 관리인에게 물으니 요즘 먹이를 주어도 몇일전 부터 큰 잉어들은 볼수가 없단다. 속으로 '아차!' 했다. 몇년 전의 상황이 재현된 것이다.

몇년 전에 잉어를 잘키워 팔뚝 만한 크기의 잉어 수백마리가 연못에 놀았는데 묘하게 그 숫자가 줄어 자세히 살피고 주변을 조사한 결과 결론은 강에서 수달들이 밤에 올라와 잉어를 잡아 먹는다는 결론을 얻었다. 그리고 그 수달을 목격 할수도 있었다.

천연 기념물이라는 수달을 잡을수도 없기에 연못 주변에 망을 칠까도 생각 했으나 큰 고기를 다 잡어먹은 수달이 먹이가 적어선지 언제부터 올라오질 안아서 그대로 놓아 두었는데…….

그때 남은 잉어의 새끼들이 몇 년 잘 자라 큰 잉어가 되어 '어떻게

관리할까?' 생각하는 차에 물고기에는 귀신 같은 수달이 큰 고기의 냄새를 맡고, 또 몇일 사이에 강에서 올라 와 다 잡아 먹은 것 같다. 기껏 키워 수달만 좋은일 시키다니…….

　적은 고기를 잡아먹는 황소 개구리를 연못 옆 정자에서 기다렸다가 공기총으로 몇마리 잡으면서 수달의 퇴치법을 마련해야지…….

　"수달, 너 매번 이렇게 잉어가 크면 와서 잡아 먹을래?

　수달아, 조심해라! 내가 널 노릴수 있다!"

자유인되어 오는 봄 그려본다

아주 편하고 자유로운 복장을 하고 비 오는 도로를 나갔다.

밝은 봄을 재촉하는 겨울비가 주룩주룩 내린다.

원두커피를 한 잔 샀다. 그 감미롭고 구수한 향을 일단 음미하고 기분 좋게 한 모금 마셔본다. 목젖으로 내려가는 커피의 따뜻하고 부드러운 액체의 감촉과 향의 즐거움을 느껴본다.

이렇게 비 내리는 날에 마음 편히 마시는 차에서 삶의 행복도 느껴본다. 코를 통해 들어 오는 공기도 상쾌하다. 앞에 어려움이야 항시 올 수도 있지만 이렇게 마음 편히 마시는 한 잔의 커피가 주는 즐거움이야말로 삶의 행복이 아닌가 싶다.

짧은 시간의 행복, 순간순간의 행복, 이런 시간의 모임이 좋은 인생이 아닐까?

큰 행복이 무얼까?

건강하고 목적이 있고 부양할 사람이 있으며 좋아할 사람들이 있고 주위를 따뜻한 눈으로 볼 수 있는 마음이 있고, 그렇게 살고 있으니 이 또한 하나의 행복한 삶이 아니랴?

　내리는 순간 쌓이는 눈, 어느 부분은 좋을지 모르지만 녹을 때 추하게 녹는 눈보다 이렇게 내리는 비가 시원해 그리 좋을 수가 없다.
　비 내려 앙상한 가지에 그 물방울 맺혀 보석처럼 영롱하게 빛난다. 자연이 주는 선물이다. 하늘이 주는 그 보석을 온 천지에 가득히 뿌려 머지않아 생명의 꽃이 꿈틀거릴 거야.
　이 비 오는 겨울, 편안한 마음의 자유인 되어 오는 봄 그려본다.

일회용 사랑은

　날도 덥고 입맛도 없기에 마침 같이 있던 막내아들한테,
　"우리 점심 기분 좋게 자장면 한 그릇 할까?" 하니 "좋다."고 한다.
아들보고 시키라고 했다.
　얼마 후 자장면이 배달되어 왔다.
　식탁에 앉아 비닐을 벗겼다. 며칠 전에 먹었던 것과는 그릇이 달랐다.
　"아들아, 저번에 먹었던 곳이 아닌가? 그릇이 다르네."
　"아빠, 그 곳은 그릇을 일회용을 사용해서 맛이 없어, 그래서 이곳으로 식당을 바꾸었어." 하더니 아들은 또 다시 말한다.
　"일회용 그릇으로 오면 맛이 없어. 아빠!"
　나도 와이프도 직업이 있기에, 막내아들은 집에서 음식을 시켜먹는 때가 많다. 그 과정에서 터득한 것은 일회용 그릇에 담겨오는 음식은 같은 것이라도 맛이 없다는 느낌을 받았나보다.
　그런 아들의 이야기를 듣고 보니 더 그랬다.
　어떤 음식이라도 일회용 그릇에 담겨오는 음식은 배가 고파 먹는 음식이지, 맛으로 먹는 음식은 아니었던 것 같다.

일회용 용기에 담겨오는 음식, 어찌 그 음식이 맛이 있으랴.

자극적인 느낌은 줄 수 있지만 진정한 깊은 음식 맛을 느낄 수는 없지 아니한가?

사랑도 그렇다! 특히 남녀 간의 사랑!

일회용 그릇 같은 사랑은 순간적인 자극을 주어 꾸준히 먹던 음식보다야 훨씬 맛있어 보이지만……

그 횟수에 비하면 싶게 짜증이 나는 음식이 아닐까?

시간을 두고 이야기도 나누고 마음의 교류도 해 숙성된 김치 같은 깊은 맛을 지닌 여성과의 사랑, 아니 교류라도 그쪽이 더 마음을 편하게 하는 것 같다.

그러니까 라면도 간혹 먹으면 맛이 있지만 자주 먹으면 영 맛이 아니듯이, 나도 나를 꾸준히 숙성시켜 나와 인연의 고리를 이어가는 모든 분들에게 그 맛의 깊이를 더해 주는 사람이 되어야하겠다.

그래서 오래오래 그 인간의 맛, 잊지 못하는 멋진 그릇에 담긴 깊은 맛의 음식처럼…….

자장면을 맛보며, 자장면이길 거부하며…….

'앞으로 일회용 그릇에 담겨오는 자장면 같은 사랑은 하지 않으리라.' 생각한다.

남자는 다 꿔일 놈이라는 그녀

어떤 모임에 갔다.

대부분이 2차까지 참석하고 헤어졌는데 마지막까지 남은 5명은 황토 찜질방에 부속건물까지 있고 완벽한 산골, 자연 속에 살고 있다는 한 여인의 집에 초대받았다. 술까지 공짜로 준다는 데……. 술도 마셨고 자동차를 안 가져간 나야 두말할 필요 없이, 내 주장으로 가자고 해서 완주의 심심산골 안에 나무와 하늘만 보이는 곳에 가게 되었다. 그 산골의 길, 마지막 집에 귀신과 더불어 산다는 분은 50대 초반의 아직은 예쁜 여성인데, 혼자 사는 여자, 외곬적인 여자, 무당 같은 여자 등에서 나오는 남과 다른 분위기를 가진 눈빛이 타인과 다른 사람 같았다. 차를 타고 가면서 몇 가지를 물어보았는데, 나온 대답 중에 제일 재미있는 부분은 "나는 남자를 증오한다."였다. "왜?"라고 묻자, "남자는 인간이 아니라 짐승 같고 늑대가 사람 탈을 쓴 것이다."라고 대답을 한다.

사연을 들어 본즉 첫 번째 남자는 아들 둘이라는 씨앗만 자기에게 뿌렸을 뿐, 초등학교부터 대학을 마치고 유학, 결혼할 때까지 하나의 도움도 없이 사라져 오직 "이 새끼들을 목숨을 걸고 내가 키우고 살리라."하는 독한 마음으로 말로써 표현하기 어려운 고생을 했고, 자식들을 다 성장시키고 나서 이제는 짐이 가벼워져서 몇 년 전에 주위의 소개로 한 남자를 만나게 되었는데, 온갖 감언이설로 매일 메일로 연서를 보내고 앞으로 남은 30년 이상의 시간을 행복하게 해주겠노라는 이야기에, 그 진솔한 행동에 이런 거짓 없는 남자에게 나의 남은 마지막 사랑과 남은 내 인생 모든 것을 바치리라는 각오로 그 남자와 재혼을 하여 사랑이 넘치게 살았는데……. 그것도 잠시, 이 목숨 걸고 자기를 사랑하겠다고 큰소리쳤던 남자가 어느 때부터 바람을 피웠고 그 현장까지 보게 되어, 그 순간 격한 감정에 고추를 확 자르려다 '아~ 서라!' 하고 등을 돌렸단다. 그래서 세상 모든 남자는 다 죽일 놈이란다. 그럼 나하고 또 같이 가는 이들도 "죽일 놈!"남자인데 왜 초대하느냐고 묻자, 남자들로 보이지 않고 편안한 오빠로 보여 초대한단다. 너무 눈물 나는 고마운 말이라 빙그레 웃었다.

　산골 깊이 있는 그 집은 그녀의 말처럼 완벽하게 주변의 모든 것이 보이지 않았고, 큰 나무 숲 속에, 여름에도 그 차가움 때문에 1분 이상 물에 못 들어간다는, 아무리 깊은 가뭄에도 물이 마르지 않는다는 골짜기를 따라가니 그 좁은 길의 마지막에 외롭게 그녀의 집이 있었다. 보통 배짱으로는 살 수 없는 외로운 집, 설사 살인이 나더라도 아무도 알 수 없는 그런 곳이었다. 자신은 아무런 두려움이 없는, 귀신과도 대화하는 사람이란다. 혼자 사는 것이 나무와 하늘만 보이는 이곳이 자기에겐 너무 편하단다. 물을 꺼내려 냉장고를 열 때 보니, 대형 냉장고에 식품과 술이 꽉 찼다.

"아니, 어찌 이 큰 냉장고에 한 달 이상 먹을 모든 것이 이렇게 차있지?" 하니, 자기를 아는 지인들이 괴로울 때나 며칠 쉬고 싶을 때 놀러 오면서 이렇게 넉넉히 챙겨온단다. 자세히 보니 철학도 하는 것처럼 남의 운명도 그 예리한 눈으로 봐주는 특별한 능력을 갖춘 여인인가 보다.

술을 준다. 난 "이왕 얻어먹을 것, 앞에 연속으로 소주 맥주를 했으니 이번에는 양주를 마시고자 하면서 있으면 양주를 주시죠." 하니 잠시 기다리란다. 조금 있었더니 양주를 가져온다. 꼭 먹으려고 했던 소리가 아닌 농담조로 이야기한 것인데, "아니, 양주가 이 산골에 있었네." 하니, 몇 년 전에 제대한 아들이 군에서 장군을 모셨는데, 그 장군이 준 귀한 것인데 오늘 소중한 임자들이 온 것 같아 내놓는단다. 다들 기뻐하며 잔에 술을 채우고 소리 높여. "이 집주인의 건강과 행복을 위해!" 하고 잔을 높이 들었다. 술을 마시며 그 동안의 사연을 들으니 '참 대단한 여자!'라는 감탄사가 절로 나온다. 시간이 많이 흘러 다들 크게 취해 그녀가 정성으로 만들었다는 황토 찜질방으로 갔다. 전문적인 찜질방처럼 땀복을 우리에게 주었다. 따뜻한 찜질방의 열기와 술의 열기의 조화로움에 땀을 흠뻑 흘리며 정신없이 잤다. 어느새 새벽이다. 우리가 일어나자 부지런한 그녀는 100% 이곳에서 딴 복분자의 원액을 시원한 물에다 타 준다. 너무 시원하게 감미롭게 목에 흐른다.

남자는 다 죽일 놈이라는 그녀!

그녀 말처럼 그렇게 남자를 더 죽일 여자로는 안 보였다.

우리는 크게 웃었다. 그녀를 보며, 그녀는 영문도 모른 체 크게 따라 웃는다.

제 7 장

잠 못 이루는 밤

자빠트리면 백만원

내가 자주 가는 식당이 있다.

황태를 밤새 고와 그 국물로 곰탕을 만드는 작은 식당이다. 식당은 작지만, 국물이 좋아 특히 술을 잘 마시는 나에게는 속 풀이로 최고다. 그 식당의 주인은 40대 후반으로 어여쁜 얼굴에 항시 방긋방긋 웃으면서 손님을 맞이하기에 음식보다는 식당의 여주인에 반해 오는 손님(?)이 많을 정도로 인기가 좋다.

나는 점심으로 곰탕도 잘 먹지만, 술을 좋아하는 나는 술을 마시러 그 식당에 자주 간다. 밥도 먹고, 술도 마시고, 특히 오염되지 않은 황태와 명태를 주재료로 한 음식이고, 또한 값도 싸니 부담 없이 친구들하고 자주 가는 편이라, 내가 식당에 가면 여주인은 단골이라고 최고 대우를 해준다.

식당의 구조는 가리는 막이 없는 뚝 터진 공간이라, 주방과 손님 모두를 다 볼 수 있고, 조금만 신경을 써서 들으면 모든 손님의 대화내용을 다 알 수 있는 20여 평의 적은 공간이다. 그러니까 우리가 하는 대화의 내용을 주인이 알 수 있고, 주인의 모든 행동을 우리가 알 수 있는, 그런 재미있는 열린 공간의 식당이다.

우리가 저녁 겸 술을 마시러 가면 식당 주인보다 좀 예뻐 보이는, 둘의 대화로 보면 아주 친한 친구로 보이는 여인을 종종 볼 수 있었다. 하루는 친구 여러 명과 식사 겸 술을 마시러 그 식당에 들어갔는데, 그동안 자주 보아 눈인사 정도는 하는 그 식당 주인의 친구가 가볍게 목례를 하고 우리와 비켜나간다.

식당에 자리를 잡아 앉으며 주인에게 말했다.

"어이 사장, 친구 나가데!"

낮에 와 놀다 집에 일이 있어 간단다.

"그 친구 인물이 좋아 애인도 있겠던데!"

"아뇨. 절대 그 친구는 애인 없어요."

"무슨 소리, 눈웃음을 살살 치는 것 보니 애인 있을 여자던데!"

"내 친구는 집과 살림만 아는 보기 드문 참한 여자예요."

"웃기는 소리, 남자에게 꼬리도 살살 치겠던데!"

"아닙니다. 누가 내 친구 자빠뜨리면 백만 원 드릴게요. 호호. 절대 넘어가지 않는 친구예요!"

"뭐? 자빠뜨리면 백만원, 맞나? 꼭 주나?"

꼭 준단다. 자빠트려서 같이 벗고 있는 상반신 사진만 휴대전화 사진으로 전송하면 바로 즉시 입금을 한다며 우리는 박장대소하며 크게 웃었다.

"이 흉년 같은 날에 백만 원이면 어디냐?" 하며 재차 주인에게 확인

하니, 주인이 싱글싱글 웃으며 "그렇단다."

우리는 "공증을 하고 작업(?) 들어가자."하며 많이 웃었다.

"언놈이 먼저 자빠뜨리나 내기할까?"하며 의견이 분분해서 소주를 여러 병 마셨다. 나도 가만히 생각해 보니 '자빠뜨리면 백만 원, 아이고 좋다. 하하.' 입이 절로 벌어진다.

'마누라여, 이해해다오. 나, 백만 원 좀 벌어야겠다. 좀 봐다오!' 마음속으로 생각하며 옆을 보니 친구 놈들 눈에 빛이 번쩍번쩍한다. 요놈들도 다 백만 원 벌 생각인가 보다. 그 번쩍번쩍 빛나는 눈빛에 식당 안이 환하다.

"가자! 백만 원 벌러!"

이 밤의 향기

한 잔하고 택시를 탔다. 창밖을 본다. 2월인데 벌써 봄인가? 하는 감탄사가 절로 나온다. 택시의 창문을 조금 열어 달리는데 창밖의 바람이 조금도 찬 기운이 느껴지지 않고 오히려 시원한 기분을 느낄 정도의 포근한 봄 날씨다. 아니 늦은 밤이다. 어제도 서울에서 술로 하루를 마감했는데, 오늘은 대전에서 또 술로 마감하다니 참 자유롭고 편하다. 좋은 팔자다. 그 누구의 눈치도 볼 것 없이 먹고, 마시고, 놀려면 놀 수도 있으니까. 허나 이 늦은 밤, 택시 안에서 도시의 밤을 차창으로 보고 가노라니 뭔가 좀 허전함이 드는 것은 왜일까? 그 무엇이 그리워서도 아니고, 그냥 하루를 보냈다는 시간의 흐름이 가슴에 어둠과 같이 밀려오기 때문일까? 임이든, 시간이든 가는 것은 외로움인가? 이 인생, 나에게 주어진 신께서 주신 의무의 길은 어디까지일까? 그 길을 어느 정도까지 즐기고 가길 원하는 것일까? 어디까지 꿈꾸길 바라고, 어디까지 가길 원한단 말인가? 신께서는 얼마나 넓은 길 가기를 원할까? 차창에 흐르는 부드러운 밤에 공기와 바람의 흐름을 느끼며 보이지 않는 별빛을 찾으며 진한 이 밤의 향기를 가슴으로 마시며 웃어본다.

잠 못 이루는 밤

깊어가는 밤, 창밖의 차 소리만이 정적을 깨고 있다.

오늘 홀로 늦은 밤을 보내고 있다. 술도 조금 마셨다. 더 마실 수는 있었지만 괜히 술에 취한 마음의 상태에서 오늘은 보내기 싫고, 조금은 조용히 보내고 싶어 호흡을 늦추어 숨을 들이 마셔가면서 마음을 가다듬고 있다.

여러 가지의 지나간 세월의 흐름이 짤막한 영상이 되어 수십 년 전의 추억과 며칠 전에 지나간 모습이 영화의 영상처럼 겹쳐서 흐른다. 그 위에 앞으로 내가 해야 할 일들이 겹쳐진다. 마음이 맑지 못한 상태다.

어릴 적 물고기를 잡으려고 동네 개울에 아이들과 같이 가면, 물고기를 잡는다는 즐거움에 이리 뛰고 저리 뛰어 흙탕물이 되어버린 개울물에서 물고기를 잡는 뜰채를 올려보아야 했다. 그래야 그 안에 송사리 몇 마리 퍼덕거려 제법 보기 좋은 크기의 물고기가 잡혀있느냐는 그때 주변에서 나오는 함성의 소리에 비례한다. 그 함성 소리로 물고기의 크기를 미루어 짐작할 수 있었듯이 여러 가지 잡생각에 머리가 혼탁하다.

좋은 생각이 나오기 전에 따르는 희망적인 산고의 고통이 아니라, 그냥 맑지 못하기에 물속을 알 수 없듯이 어떤 희망도 없는 상태로 시간을 보내는 시간이 유일한 해결책인양 그렇게 보내는 밤이다.

산다는 것은 무엇일까? 어떤 면의 깊은 사고를 갖춰야 하는 시간의 흐름인가? 세월의 강을 저어가는 현실 속에서 인간끼리 죽고 못 살고 하는 친밀한 웃음이 가식이란 말인가? 오늘 웃기는 싫었지만, 웃은 일이 세 번의 만남에 있었다. 우리 인간관계에서 마음은 구겨지고 찢어지고 울고 있지만, 그 자리에서도 전화가 오면 웃음으로 받을 수밖에 없는 경우가 있듯, 원하지 않았지만 배우처럼 감정의 흐름에 변화를 줄 수 있는 표정관리를 해야 할 때가 있다.

감정의 표현에 충실한 것이 좋을까? 상황에 따라 변화할 수 있는 것이 어른의 마음인가?

여름의 장마철에 일기가 그때그때 자주 변화하는 것처럼, 웃고 울고를 자주 변화시킬 수 있는 마음으로 보내는 현실, 다 살기위한 생존투쟁의 방법인가?

오늘 낮의 일, 거래처 상대의 부당한 처신에 순간적으로 불쾌감을 느껴 "이 거래 끝내도 좋다! 끝낼까?"하고 말했다. 상대의 순간적으로 일그러지는 얼굴과 "그렇다고 이 거래 끝내자 하는 것은 너무 하잖습니까?"하는 말을 들으면서 '아차!' 싶었다. 순간적인 감정의 표현으로 나를 감추지 못하고 감정을 성큼 드러내다니, 아직은 단련이 덜된 나의 가슴을 보는 것 같았다.

"미안하다. 계약과 다른 말에 짜증이 나서 그랬다. 그 말은 내 잘못했다."라고 사과를 하고 적당히 얼버무리고 좋게 일을 웃으며 끝냈지만, 내 감정은 나의 가벼운 말에 대해 내 자신의 실망에 가슴이 꿀꿀했다.

어제 아주 기분 좋게 술을 마시고 앞으로 잘 지내보자고 말했던 상대와 그랬다. 그리고 어느 여인과의 대화, 가슴에 나는 열과 짜증 때문에 말하기도 싫었던 기분이어서 피했던 자리였는데, 그 뒤에 나는 허탈한 웃음만 허공에 날렸다.

아직도 다스리지 못한 감정에 미숙한 하나의 인간을 보는 것 같았다. 이 생각, 저 생각이 오락가락 한다. 산다는 것은 많은 생각이 오가는 것, 행동하고 후회도 할 수 있지만, 그래도 오만 잡생각에 멍하니 홀로앉아 지난 시간을, 오늘을 되돌아본다.

시간이 물처럼 가슴과 머리에 소리 내어 흐르는 것처럼 잠 못 이루는 밤이다.

한국으로 피난오는 일본인을
열렬히 환영하고 위로하자

　일본의 지진과 쓰나미로 인한 피해와 언제 마무리 될지 모르는 원전의 방사능 문제는 같은 아시아의 한 사람으로 '정말 안 됐구나.' 하는 생각이 든다.

　현재, 몇 만 명이 사망한 이번의 사태를 보면서 그들이 갖고 있는 침착함에 놀랐다. 우리 같으면 울고불고 내 자식, 내 부모, 내 형제 찾아내라 하며 대성통곡을 하면서 기절을 할 터인데, 그들의 대부분은 구조대가 가장 가까운 거리의 시신을 찾아주면 먼저 대성통곡을 하는 게 아니라, 시체라도 찾아주셔서 감사하다고 두 손을 합장하고, 감사를 하는 모습을 보니, 역시! 하는 강한 느낌과 눈시울이 뜨거워졌다.

　통곡만이 슬픔의 표시는 아닐 것이다.

　눈을 감고 말없이 합장을 하며 눈가에 나오는 눈물도 가슴 아픈 슬픔의 표시리라. 이 부드럽고도 강한 민족인 일본인들이 지진의 피해 뒤에 가장 큰 공포로 오는 방사선을 피해서 비행기로, 배로 연일 빈자리가 없이 한국으로 계속 입국을 하고 있단다.

　이때야 말로 수백 년 일본의 그늘 속에서 무시를 당하고 살았던 우리가 일본인에 대해 큰 배포와 은혜로움으로 많은 일본인에게 한국인에 대한 감사와 고마움을 평생 가슴에 넣고 살게끔 할 해야 할 것 같다.

목이 말라 죽기 전에 주는 물 한잔이 최고의 선물이듯이, 가장 어려울 때 도와주었던 사람은 평생 동안 그 고마움을 잊지 못한다.

나도 고교시절, 겨울에 난방이 전혀 되지 않는 야간열차를 타고 서울로 상경 시(그때는 그런 엉터리 시절이었다.) 몇 시간을 의자에 앉아 부들부들 떨고 있는 나를 보고 "나는 옷을 많이 입어 괜찮다."하며 싫다는 나에게 그 두툼한 코트를 입혀 주었던 아주머니가 지금은 어렴풋이 모습만 생각나지만, 40여년이 지난 지금도 그 때를 생각하면 그 고마움이 쓰나미 처럼 나에게 밀려온다. '어디서 사시더라도 정말 행복 하시라구' 기원하는 마음이 내 마음에 늘 있다. 사람은 은혜를 입으면 그 고마움 평생을 간다. 우리나라를 찾는 일본인, 그래도 일본에서는 부유층일 것이다. 이 혼란의 시기에 비행기로, 배로 이웃나라에 피난을 올 정도니, 이럴 때 우리는 그들이 평생 느끼고 고마워할 수 있도록 은혜로움을 주어야 한다. 우리나라를 찾는 일본인들이 얼마나 이번의 재해가 무서웠으면, 우리에게 도망쳐 왔을까? 앞으로의 피난 기간이 얼마나 두려울까. 우리들의 시선에 얼마나 마음이 쓰였을까? 여러 가지 마음이 갈등을 하고, 불안하고, 초조하고, 앞날에 대한 어떤 두려움에 다들 시달리고 있으리라.

이러한 여러 불안한 마음으로 입국을 하는 일본인들을 우리는 따뜻하게 맞이하자.

"일본인, 정말 잘 왔다. 어서 와라! 슬픔을 이곳에서 잊고, 있는 동안 행복해라."하며 프랭카드도 들고, 깃발도 만들어 흔들고, 북도, 장구도, 징도 치며 열렬히 환영하자.

시간이 나는 아저씨, 아줌마들 물병이나 떡이 있으면 떡이라도 들고 가서 그들이 놀랄 만큼 환영해 주자. 마음이 외롭고, 애처로운 그 일본인들이 우리의 따뜻한 마음을 죽을 때까지 잊지 못하도록 하자. 그들은 죽을 때까지 우리 편이 될 것이다.

이런 좋은 찬스, 이 좋은 이 시기에 우리 모두모두 나가 그들을 열렬히 환영하면 일본인은 고마움의 눈물을 흘리리라.

우리 모두 마음을 열고 고생하는 일본인과 우리나라에 입국하는 일본인을 열렬히 맞이합시다!

서울역에서 남녀 평등을 느끼다

비가 쏟아지는 서울역.

예전에는 비가 오면 밖에서 활동하는 사람이 적어 사람들이 모이는 장소 어디나 한가했으나, 요즈음은 비가 오나 눈이 오나, 맑으나 흐리나 사람의 숫자는 별 차이가 없이 분주한 곳은 분주하다.

대전에서 기차로 서울역에 도착했다. 장마철인데도 사람들은 바쁘겠구나 생각하며 비 내리는 서울역 밖을 보면서 목적지까지 택시로 갈까, 비가 오니 안전에 문제가 있을 수 있고, 차가 많이 막히면 약속 시간은 넉넉하지만 가다 막히면 그 시간까지 못 갈수 있으니 전철을 타고 갈까 생각하다가 "앗차!" 싶었다.

선글라스를 열차의 좌석 앞에 놓고 있다가 큰 창의 앞좌석에 손님이 없이 비어있어 밖을 보기에는 그 좌석이 좋기에 앞으로 좌석을 옮기며 '내릴 때 챙기리라.' 생각하며 비오는 차창 밖 도시를 하염없이 바라보다가, 비 내리는 전경에 무심히 취해 있다가 "서울역, 종착역"이라는 소리에 뒤 좌석의 자리에 있는 가방만 챙기고 앞에 다 논 선글라스는 그대로 놓고 내린 것이다.

순간, 돌아가려면 몇 분이 걸리고 아직도 그 기차가 그대로 그곳에 있을까? 생각하면서 포기하자 하는 마음도 들었지만, 20만원 가까이 주고 산, 그리고 산지 얼마 되지도 않은 내 물건을 쉽게 포기 할 수도 없고 갔다 와봤자 10여분이니 약속 시간도 충분하고, 하는 마음으로 뛰어올라가 방금 내가 내린 열차를 찾아 갔다.

많은 열차들이 하행과 상행의 출발을 위해 있기에 바로 찾기가 어려웠으나, 다른 날과 달리 아까 내려서 걸으며 열차의 특징을 느끼며 걸었기에 한 번 실수 후 두 번째로 그 열차를 바로 찾았다. 운이 좋게 그 곳에 열차가 문이 다 열린 상태로 대기 중이었다.

부지런히 객실로 올라가 내가 앉았던 좌석을 찾으니, 그 곳에 선글라스가 그대로 있었다. 밖은 비 오기에 어두운 편이었으나 선글라스를 찾은 즐거움에 선글라스를 끼고 흐뭇한 미소를 지으면서 빠져나왔다.

가격을 떠나 적은 묘미가 있는 일이다. 대부분의 여행에는 내가 앉은 자리의 번호에 신경을 쓰지 않았으나, 오늘은 묘하게 표를 살 때 내가 좋아하는 1호차 22번의 숫자였기에 쉽게 외웠다. 그리고 내려오면서 이 차 다음에는 어느 곳으로 가나 생각하며 열차 옆을 지나왔기에 개찰구의 높은 곳에서 쭉 서있는 열차 가운데서 한번 실수 후 바로 찾을 수가 있었다. 기분 좋은 일이다.

선글라스를 찾으러 열차까지 갔다 왔기에 20여분의 손해로 넉넉했던 약속시간이 그리 충분하게 남아 있지 않기에, 시간을 지키려면 불안정한 택시를 탈수 없고 답답하지만은 지하철을 타기로 마음을 먹고 비가 잠시 멈춘 역사에서 지하철을 타려고 가려는 순간, 한 무리의 사람들을 볼 수 있었다. 좀은 추하지만 그래도 자유롭게 사는 사람들인 노숙자들이었다.

어느 면으로는 불행하지만 한편으로는 행복하게 자신만을 위한 시간을 갖는 사람들이다. 그들을 보고 걸으며 느꼈다. 확실히 우리나라는 여러 가지 부분에서 남녀평등이 일어나는 국가로 가는구나 하는 실감을 했다.

예전에는 보기 힘들었던 여자 노숙자들이 노숙자의 무리 속에서 여러 명이 앉아 있었다. '참으로 평등하구나!'를 느끼며 그들을 안 보듯 곁눈질로 보며, 남녀평등의 한 단면을 보고, 쓴 웃음을 지었다.

비구름에 덮어있는 하늘과 높은 빌딩을 보라보면서 사람의 무리에 섞여 에스컬레이터를 타고 서서히 내려간다.

나는 나쁜 놈인가?!

대전의 시낭송 협회에 오랜만에 갔다.

아버지의 병환 때문에 김해에 자주 갔었고, 그 뒤 아버지의 장례 등 한 달 정도의 일상생활에서 벗어난 시간의 연속으로 몸살감기가 자연스럽게 따라와서 심한 피로와 기침 때문에 한 달을 고생했다.

오랜만에 시 낭송 연습에서 '김용택' 시인의 '참 좋은 당신'을 낭송하면서 그 시에 푹 빠졌다. 시의 마지막 구절을 어느 한 분이 낭송하는데……

잘못하면 눈물이 나올 뻔했었다.

나 60년을 살아오면서 많은 여인을 만나서 사랑인지 젊음의 향연이지 모르는 그때는 다 사랑으로 알았지마는 많은 여인과 사랑을 하고 와이프까지 있는 나였지마는…….

어느 여인이 참되게 나를 보고 "당신은, 아! 생각만 해도 참 좋은 당신"하는 소리를 진정으로 들을 바 없었으니……. 나는 인생을 헛산 것 같은 마음이 들었다.

"아! 생각만 해도 참 좋은 당신!"이라는 말은 들을 수 없을 정도로 형식적인 사랑과 수컷의 본능적인 섹스만……. 했단 말인가?

우리가 삶을 살다 보면 어떤 동물적인 행위는 열 번을 백만 번을 해도 등 돌리면 남과 같을 수 있고, 아니 어쩌면 원수 같은 증오의 감정이 쌓여가는 사이가 됨을 알기에, 인간에게는 마음처럼 소중한 것이 없다고 말하고, 그리 살려 하지마는……

오늘날, 지금 이 순간까지도 나를 보고 '아! 생각만 해도 참 좋은 당신' 하고 진실로 말할 여인이 내 옆에 한 명도 없음을 통탄한다. 인간사 살아보아야 몇 백 년인가? 나도 나의 참된 사랑을 찾기 위하여 어떤 마음의 길로 떠나갈까?' 생각했다. 한 번의 삶이기에 나에게도 진실한 진정한 마음이 필요하다.

그런 사람이……. 사랑이 필요하다.

나를 둘러싸고 있는 가족, 아내, 자식, 친지, 사업과 연관된 사람들, 많은 친구, 그리고 얽히고 설켜 있는 인연이 있는 분들. 이런 많은 부분의 인연도 필요하지만 시의 한 구절처럼 나에게도 "아! 생각만 해도 참 좋은 당신!"이라고 말해줄 사람이, 사랑이 필요하다. 그 사랑을 찾으러 어떻게 삶 속에서 여행할까? 구상해본다. 가정이 있고, 사업체도 있고 와이프도 있고, 자식도 있지만……. 진솔한 나의 나만의 사랑도 갖고 싶은 마음이 있고, 그 길을 기꺼이 갈 마음도 있는 나는 많은 사람에게 손가락질을 받을 수 있는 사나이인가 아닌가 생각한다.

나도 어떤 이익이 아닌 진실한 사랑을 만나고 싶다.

'아! 나의 진실한 사랑은 어디에 있단 말인가?' 그 사랑을 그리고 그리워한다. 이런 생각을 하는 나는 진정 나쁜 놈인가?

참고로 '김용택' 시인의 시를 소개한다.

참 좋은 당신

어느 봄날
당신의 사람으로
응달지던 내 뒤란에
햇빛이 들이치는 기쁨을
나는 보았습니다.
어둠 속에서 사랑의 불가로
나를 가만히 불러내신 당신은
어둠을 건너온 자만이
만들 수 있는
밝고 환한 빛으로
내 앞에 서서
들꽃처럼 깨끗하게
웃었지요.
아!
생각만 해도
참
좋은
당신.

인간이 좋다

새벽 3시다. 자리에서 일어나 불 꺼진 거실에서 밤하늘과 환하게 빛나고 있는 불 켜진 도시의 불빛을 한동안 무심히 보았다. 창을 통해서 차들의 움직임 소리는 부산하게 들린다. 정좌를 하고 밤하늘을 보면서 명상에 젖어본다. 될 수 있으면 평정심을 유지한 채 먼 밤하늘을 그리어 보며 생각한다. 어느 분들은 명상에 들면 무념무상이 된다 하지만 현실에 깊게 젖어 움직이는 나는 여러 가지 문제를, 그리고 그 문제의 최상의 해결책이나 가장 나의 선에서 최선의 판단은 무엇인지 여러 가지의 상황과 각도로 생각하여 답이 나오면 그 방법으로 문제를 해결하려고 생각한다. 그러나 아무리 머리를 회전해도 해결책이 없을 때는 일단은 미루고 다음 문제를 생각한다. 하기에 정밀한 문제의 해결책을 생각하는 것이 아니고 큰 물줄기만 그려 놓고 넘어가는 일이 많다. 많은 사람들이 잠들어 있는 이 시간에 홀로 깨어 있으면서 어떤 문제의 해결 방법을 생각한다는 것은 귀중한 한때의 시간이다.

오늘은 나의 남은 인생의 행복은 무엇인지를 생각해 보았다. 나는 나의 인생의 시간을 대략 120살로 맞추어 놓고 계획하고 산다. 나에게 인생의 시간이 반절은 남았다 생각하고 계획한다. 사업을 적당하게 변경하여 다른 쪽으로 승부를 겨룰 수도 있고 나하고 전혀 다른 쪽에서 생활하는 분들도 만날 수 있는 시간도 있고, 새로운 곳을 찾아 나만의 식으로 여행을 할 수도 있다. 적당하게 체력을 관리하면 술도 여러 가지 음식도 많은 시간 즐길 수 있고, 지혜롭게 새로운 사업에 진출도 할 수 있으며 또한 격정적인 젊은 날의 사랑과 다른 부드럽고 짙으면서 가장 가슴에 남는 사랑을 할 수도 있다 본다. 자연을 가슴으로 더 짙고 선명하게 볼 수가 있기에 봄과 여름 가을까지의 푸르름과 단풍의 아름다움도 가슴의 깊은 곳에 넣는 즐거움도 충분히 누릴 수 있다. 밤하늘에 별이나 달이 보이나 보이지 않으나 밤하늘을 보면서 앞으로의 시간을 이 생각으로 저 생각으로 보낼 수 있음은 좋다. 사물의 외면이 아닌 내면을 볼 수도 있는 눈도 있으며 즉흥적인 판단이 아닌 느긋한 판단도 하며 끓어오르는 분노도 적당하게 억누를 수도 있다. 선의를 베풀어준 분에게는 진정한 감사도 느낄 수 있으며 인간관계의 중요성과 사랑의 절대적인 힘을 알고도 있다. 나만의 행복도 중요하지마는 남에게 베푸는 행복도 큼을 안다. 괴롭거나 힘들거나 깊은 상처를 받아도 적당하게 웃을 줄도 안다.

깊어가는 밤, 비록 잠자는 시간은 손해를 보았어도 깨어 있기에 그리며 느낄 수 있는, 나에게 주어진 시간 속에서 내 인생을 음미함은 우리 인간만이 할 수 있지 않을까?

신이나 천사, 선녀도 좋겠지마는…….

그래도 나는 인간이 좋다!

나를 일곱 번 버린 사나이

며칠 전, 2년 만에 전화로 안부를 묻더니 오늘 선물용 음료수를 손에 들고 와서 웃으면서 "잘 계셨죠? 소식은 항시 듣고 있었습니다." 하고 웃으며 인사를 한다. 나도 "잘 지냈지? 반갑다!"하며 악수를 하고 "의자에 앉으라."하고 직원을 시켜 차를 내오라 했다. 차를 마시는 모습을 보며 가볍게 웃는 얼굴로 그를 살펴보았다.

참으로 그와 나는 끈질기다 할 수 있는 인연이었다.

내가 그를 만난 지가 벌써 20년이 지났다. 부산에서 적은 규모의 사업을 할 때였다. 지인의 소개로 착하고 성실하며 실력이 있는 젊은 이로 그를 만났다. 보통의 키에 몸이 호리호리하다고 하기 보다는 신경질적이라 할 만큼 말라있었다. "어디 아픈가?"하고 물었더니 허리의 이상 때문에 몇 년 누워서 생활할 정도로 고생을 했는데……. 이제는 다 나았고 그때의 고통이 있었기에 마음이 많이 성장이 되었단다. 성실해 보이기에 일단 그를 채용해 일을 같이했다. 일에 욕심이 많은 부류의 사람으로 일을 일단 시작을 하면 시간에 구애받지 않고 일을 끝냈으며 맡은 임무는 최선을 다해 처리를 했고 머리의 회전도 빨랐다. 하나의 일을 시작하면 옆의 일은 모르는 스타일의 일을 했다. 무엇 하나를 파고들면 그 일에 최선을 다 했지만……. 즉 깊이는 알았지만 넓이는 없는 나무는 보되 숲을 볼 줄 모르는 단점이 있었다.

일은 잘했지만 동료와는 사이가 안 좋았다. 일을 잘하다가도 무엇인가 마음이 동요되면 바로 일의 중간에서 "나, 나갑니다!" 하고 뒷정리도 하지 않고 다음날로 출근을 멈추는 묘한 점을 갖고 있었다. 처음 한두 번은 "이런 괘씸한 놈이 있나!" 하며 전화로 많은 욕설과 심한 말을 했었다. "네 놈 절대 내 앞에 나타나지 마라! 나쁜 놈!"으로 그와의 사이를 끝냈었다. 그 뒤 한 육 개월이나 일 년이 지나면 찾아와 "사장님, 저번 일은 죄송합니다. 용서하시고 일 좀 하게 해주십시오!" 하면 예전의 괘씸한 부분도 있었지만……. 다방면으로 실력이 있었고 마음을 잡고 일을 하면 누구보다 실적이 있게 잘하기에 단점을 접고 장점을 보고 "좋다! 이번은 잘해라." 하며 그를 다시 받아주고 일을 주었다.

허나 제 버릇 한 번에 못 고치듯이 일 년 정도가 되면 그는 달라진다. 어떤 괴벽이 도지면 하던 일도 그만두고……. 일의 중요성이나 마무리의 중요함도 관계없이 일을 멈추고 사라졌다. 몇 번 터지는 분노로 많은 증오도 했고 그가 하던 일의 마무리 때문에 많은 신경도 썼었다. "다시는 네놈 내 앞에만 나타나 봐라. 혼내 주리라!" 하고 몇 번을 다짐도 했었으나……. 어느 정도 시간이 지나면 나타나는 그에게 그의 실력도 필요했었지만은 그의 실력보다는 그래도 번번이 미안함을 나타내며 찾아오는 그에게 속으로 '그래 성질 더러운 네놈이 어디 가봐야 얼마나 버틸꼬! 그래도 내 품이 따뜻하기에 오는 놈 아닌가? 그래 이번도 받아 주자.' 하며 그를 몇 번 받아주며 근무를 시켰다.

나와 그의 관계를 아는 분이 말하기를 "아이고! 사장님은 배알도 없습니까? 저리 자기 마음대로 하다가 회사가 망하던……. 손해를 보던 말든 제 기분대로 왔다 갔다 처신 하는 놈을 자꾸 받아 줍니까? 참, 얄궂다!" "그래도 몇 번이고 나를 찾아오는 그의 기분과 나도 그를 적재적소에 활용을 할 줄 알기에 인간적인 차원에서 동생이라 생각하고 안아 줍니다. 하하하!" 그렇게 인연의 고리가 연결되었다 끊어졌다 하기가 무려 일곱 번이었다.

이 년 전에 사라졌던 사나이였다.

나와 처음 만났을 때가 그의 나이가 이십 대 중반 정도였다.

지금은 40대 중반의 중년의 사나이이다.

아직도 가정을 꾸미지 못하고 있다.

차를 마시고 있는 그에게 말했다.

"야! 잘 왔다. 이번에는 열심히 잘해보자!"

순진한 웃음을 웃어가며 이번에는 "열심히 잘해보겠다." 한다.

이 사나이 내가 조금이라도 그를 활용할 일이 있다면 일곱 번이 아닌 20번을 나갔다 또 나를 찾아온다 해도…….

나!

스물한 번의 가슴을 열고 그를 웃음으로 받아줄 생각이다.

노무현 3주년 추모식에서

대전에서 하는 노무현 전 대통령 3주년 추모식 행사에 갔다.

행사장 입구에 있는 노무현 전 대통령의 사진과 그 옆의 체 게바라의 사진 사이에 서 보았다.

한 사람은 라틴 아메리카의 전설적인 게릴라 지도자이자 혁명가.

한 사람은 한국의 가장 서민적인 대통령이었던 사람으로 앞으로 한국의 역사에 그런 인간적인 냄새가 물씬 풍기는 대통령은 절대 나오지 않으리라 생각되는 우리가 흔히 노가다 일이라 하는 막일을 한 사람으로 총칼이나 무력을 사용하지 않고 순전한 도전정신과 인간적인 매력 그리고 절묘한 운의 조화로써 대통령이 된 사람.

대통령의 자리에 있으면서도 절대 권력을 자신을 위해 쓰지 않은 사람, 그 자리를 끝내면서 많은 지지자 앞에서 "아, 기분 좋다!"는 말과 가슴 편한 큰 웃음을 보였던 사람.

고향 김해의 봉하 마을에서 손녀를 자전거에 태운 밀짚모자 아저씨 모습을 보여주었던 사람.

언제나 소박한 웃음을 짓기에 부담 없이 보는 우리 동네의 과일 장

수 아저씨 같았던 사람.

　자신의 명예와 가족의 명예, 그리고 치미는 울분 때문에 부엉이 바위에서 떨어지는 꽃으로 산화된 사람.

　많은 사람에게 왠지 모르는 마음의 부담……. 그를 더 적극적으로 지켜주지 못함을 죄스럽게 느끼게 해 괜한 눈물을 흐르게 하는 사람.

　그의 생애가 너무 인간적이었기에 생각만 해도 애틋한 애잔함을 느끼게 한 사람.

　하기에 많은 사람들의 가슴에 인간적인 환한 미소를 짓고 있는 사람으로 영원히 남아 있는 사람과 혁명가로서 "물레방아를 향해 돌진

하는 돈키호테처럼 녹슬지 않은 창을 가슴에 지닌 채 자유를 얻는 그 날까지 앞으로만 달려 나갈 것이다."란 말을 했고 옳다고 믿는 것에 온몸으로 던지는 것에 주저하지 않았던 한 인간으로 모험주의자로 살다간 급진적 혁명가와 어떤 정신으로 이어지는 것 일 까는 아직 생각을 해보지 않았지마는…….

분명 이 두 사람은 인간적으로 그들이 살아있을 때보다는…….

사후에 더 많은 사람들이 그들을 그리고 추앙할 것이다.

많은 사람들이 모여지는 자리였으나 조용하게 자발적으로 행동하는 숙연한 모임과 그를 그리는 분위기에 쌓여 있으면서, 나도 인간으로, 삶이란 결국 무엇인가를 생각했다.

한참 생각하게 하는 자리였다.

삶과 사후의 명예는 무엇이란 말인가?

나를 찾는 자와 버리는 자

술 한 잔을 몇몇 분과 같이 하노라니, 그 중에 몇 분이 나를 칭찬을 한다.

나의 매너, 그리고 의리 있는 마음, 주변에 대한 많은 배려심, 진취적인 사고, 항시 갖고 있는 긍정적인 사고 등을 이야기하며 적어도 한 달에 한번 정도는 같이하는 시간을 갖고 싶단다.

참으로 고마운 이야기였다.

그들이 이야기하는 태도나 눈빛으로 보아서 결코 인사치레의 말은 아니었다.

주변에 짐이 되지 말고 상대를 배려하되 그들의 자존심을 생각하며 행동을 하자가 가벼운 나의 생활관 중에 하나이지만…….

살다보면 나에게 아주 가깝게 다가오는 사람들이 많이 있어 살아가는 어떤 즐거움을 느낀다.

나에게 힘이 되어주는 사람이나 마음적으로 나를 응원해 주는 사람들에게 감사를 느끼고 그들에게 고마운 생각을 갖게 됨은 시간이 갈수록 더 절실해 질 수 있다.

한 분 한 분의 생각 하나 하나가 쌓여짐이 나의 인생의 한 단면으로 나에 대한 주변의 평가가 되리라.

이렇게 나를 열렬하게 좋아하는 사람들도 있지만 간혹은 나를 버리는 사람도 있음에 아쉬워한다. 그를 결코 나쁘게 대하지 않았는데도 서로의 마음의 상태나 판단의 기준이 다르기에 나를 배반하고 상처를 주는 사람이 있다.

그런가 하면 내게서 떠나는 사람도 있고 배반을 하고 떠난 뒤에 각자 나름의 시간이 흐른 뒤 용서를 바라며 나에게 되돌아오는 사람도 있다.

묘한 점은……

누구보다도 철저히 나를 배반하고 떠난 사람들이 시간이 흐르면 나에게 도로 오는 사람이 많다는 것이다.

남자도 여자도……

사람의 판단은 그를 떠나본 뒤에, 시간이 흐른 뒤에 판단하는 것이 올바른 판단이 될 지도 모른다.

그러다보니 시간이 흐른 뒤에 나를 찾아 다시 오는 사람들을 보면 어떤 아이러니를 느낀다.

용서를 바라며 오는 사람을 아니 받을 수도 없고, 속으로는 원망과 분노도 느낄 수 있지만 그를 다시 안지 않을 수 없다.

배반이야 세계의 성인인 예수도 그의 제자에게 배반을 당했는데……

나 같은 평범한 사람을 배반하는 사람을 탓 할 수야 없지 않나하고 생각한다.

그렇지만 하나의 인간으로 나를 배반하는 사람보다는 나를 좋아하는 사람이 많이 있기를 바람은 어쩔 수 없다.

나를 인간적으로 좋아하는 그들의 이야기에 기분이 좋음은 아직도 인격의 수양이 부족함 때문인가를 생각해보며 나를 배반한 사람들과 다시 나를 찾아 나의 넓은 마음을 바라고 용서를 비는 사람을 어떻게 용서를 할까를 생각한다.

아무튼 그래도 배반을 했던 사람보다는 나를 알아주고 사랑을 하는 그들과 같이 하는 술자리에서 더 큰 즐거움을 갖는다.

아가씨들이 무서워

"야! 폼 좋다!"

깊게 담배를 빨아들여 입을 동그랗게 해 푹 품는 담배연기.

보통 골초들이 아닌 듯, 한 대 피고 재떨이에 불을 끄자마자 또 담배 불을 거듭 붙여 또 빨아댄다. 그 담배 피는 폼들이 3팀 모두 비슷하다. 식당 안의 타인들 전혀 의식도 않고 흡연을 한다. 식당 안이 금연이라는 것은 상식적으로 알 텐데... 식당의 근무자들 서로 눈치만 보지 누구도 그들에게 "담배를 피지 마세요."라고 못하는 분위기다. 다들 20대 정도지 30대는 하나도 없는 것 같다.

샐러리맨 둘이 식당에 들어온다. 담배연기를 맡는 것 같다. 담배를 피우는 골초들을 잠시 물끄러미 보다가 둘이 뭐라고 하더니, 그냥 나간다. 느낌이 담배 피우는 사람들이 싫은가 보다. 담배를 피는 그들을 힐끗 보는 눈빛에 경멸의 빛이 빛난다. 홀에서 다섯 팀이 회를 먹고 있는데 2팀은 남자만, 2팀은 남자 여자 어울려 마시고 있고 한 팀은 젊은 여성들만의 손님이다.

나도 오랜만에 만난 친구와 같이 회를 안주로 술을 마시고 있었다.

재미있게 이야기하다 싫어하는 담배연기가 느껴져 주위를 둘러보니 주변에서 지나치다 싶을 정도로 담배를 피며 술들을 하고 있다. 가만히 주변을 살펴보고 친구에게 "야, 저 폼들 봐라, 얼마나 멋진가? 응?!" 친구도 고개를 돌려보더니 "참 세월 좋다!" 한다.

놀랍게도 담배를 옆에다 떡 하니 놓고 여유롭게 피는 사람들 모두가 아가씨들이다. 혼성으로 마시는 팀도 보니 묘하게도 대학생 같은 남자들은 한 명도 담배를 피지 않고, 담배를 피는 사람들 모두가 아가씨들이다. 이렇게 대학생으로 보이는 아가씨들이 저렇게 골초가 많단 말인가? 이 식당에서는 묘한 현상으로 식당 안의 남자들은 담배를 피지 않는다. 처음부터 체질적으로 못 피우든지, 나나 친구처럼 담배를 피우다 앞날을 위해 끊었든지… 이 곳에서는 어떻게 남자들은 다 담배를 못 피든지 안 피우고, 어찌 젊은 아가씨들 100%가 담배를 피운단 말인가?

오호통재라! 세월이 이렇게 눈 몇 번 감았다 뜬 세월 속에 이리 변했단 말인가? 언제부터 금연인 식당에서 뻔뻔하게 아가씨들이 폼을 잡고 당당하게 담배를 피우는 세월로 변했단 말인가? 이런 시선으로 그들을 보는 나는 중년의 못난이인가? 친구에게 이야기했다. "나가자, 아가씨들 무서워, 담배연기 싫어 옮기자!"

이렇게 중년의 두 사나이 엉거주춤 일어나 조심조심, 멋지게 담배연기 뿜어내는 아가씨들 사이로 후광 같은 담배연기 뒤로하고 도망치듯 나왔다.

"아가씨들이 무서워!" 하고.

서울이 좋다지만 나는 야 싫어

　농장에서 중고 포크레인을 하나 사 놓고 시간이 나면 수시로 포크레인으로 실습 겸 작업을 한다.
　노동은 정신적인 노동, 육체적인 노동이 있지만 이 포크레인으로 하는 작업은 두 가지를 다 사용하는 것 같다.
　운전석에 앉으면, 포크레인 작업의 특성상 거리를 측정하여 언제 오른 쪽, 왼쪽 레버를 좌로 우로 미느냐? 당기느냐?에 따라 작업의 모든 것이 달려있고, 또한 대부분 비탈진 곳에서 작업을 하기에 포크레인과 나의 안정에 대해 신경을 쓰면서 일하다 보면 다른 곳에는 전혀 신경을 쓸 수가 없다.
　포크레인으로 작업을 하는 동안은 자연스럽게 작업의 모든 것에 집중이 되며, 간혹 나를 짜증나게 하는 많은 여러 가지 생각에서 벗어 날수 있다.
　거래처와 밀고 당기는 관계, 사업의 발전과 생존의 문제, 좋은 사람과 미운 사람과의 관계, 가족 간의 관계, 농장의 완성을 위한 계획과 그 실천의 방향, 어느 하나 만만히 볼 수 없는 생각의 여울 속에서 작업을 한다.

    거리를 계산하여 언제 어느 각도로 밀고 당겨 삽에 흙을 담을 것인지, 담긴 흙을 주변의 환경과 어우러지게 어디에 어떻게 쌓을 것인가를 계산하며 일을 하노라면 잡생각이 들어 올 틈이 없어 일을 다 끝내고 나면 머리가 다 개운하다.

    우리가 산다는 것은 끊임없이 생각을 하며 파도치는 운명의 바다를 가는 것이 인생이라 본다. 모두의 크기에 따른 여러 가지 문제의 파도가 밀려와 뱃전을 때리기에 끊임없는 생각을 하며 시간의 흐름에 따라 가는 운명의 바다에 떠 있는 배들이 아닌가!

    살아있기에 스트레스를 받고, 오는 문제에 부딪치는 것일 것이다. 사람이 많으면 많은 문제를, 적으면 좀 적은 문제가 사람 많은 서울에 산다면 적은 문제라도 끊임없이 올 것이고 사람이 적은 산 속이라면

오는 문제도 적으리라. 나의 적은 문제가 다른 사람의 태산 같은 문제 보다도 더 크게 느껴지는 것은 인간의 누구나의 생각일 것이다. 나도 나에게 와있는, 그리고 오고 있는 문제들이 다른 사람의 크나 큰 어려운 문제로 시달리는 것 보다 크게 느껴지기에 끊임없이 해결해야 하는 일이기에……. 어떻게 이 문제를 해결할까?! 하는 생각에 대부분 머리를 비울 수가 없다. 이토록 골치 아픈 생각에 젖어 있는 생활의 연속에서 신나게 포크레인 안에 앉아 운전대를 밀고 당기노라면 나는 다른 생각을 할 수 없기에 머리가 개운하다.

시가 절로 난다.

서울이 좋다 지만
나는 야 싫어
아름다운 농장에 예쁜 꽃 심고
지리산 골짜기에서
오는 바람과 백운산에서 오는 맑은 물속에서
새 소리와
부는 바람에
그리운 얼굴들
소식 묻고 전하며 살리라.

허나 나도 그렇게 전적으로 못 살고 포크레인 열심히 운전하다 저녁에 다시 고속도로를 타고 사람들이 많이 사는 도시로 왔다. 아직은 그 자연의 삶이 내 삶은 아닌 것 같다.

사람이 필요하다

　나의 자리는 그리 큰 위치에 있지는 않아도 리더이기에 옆에서 나를 도와 줄 사람이 꼭 필요하다.
　지금까지의 시간 속에서 나름대로의 사업을 하면서 느끼는 점은 정말로 나에게 도움이 되는 필요한 사람과의 인연을 만나기가 어렵다는 사실이다. 나의 옆에서 내가 좀 더 잘 나갈 수 있도록 힘이 되어주는 사람…….
　정말 그런 인연이 필요하다.
　대부분은 자기의 생각과 사고를 갖고 나의 일을 도와주기에 자신은 열심히 열렬히 충성을 다하고 있다 느끼겠지만 나에게는 답답함을 주는 일이 많다. 리더의 사고를 이해하고 그 리더가 무엇을 바라고 하려고 하나? 를 생각 할 줄 아는 직원이 필요하다. 간혹 주변의 사람을 보다가 옆에 그런 부인이나 애인이나 직원을 두고 있는 사람을 보면 가장 큰 부러움을 느낀다. 진정으로 나를 이해하고 어디가 가려운가를 알고 도와 줄 사람이 필요하다.
　자기 식으로 용감히 열심히 하기에 어느 면으로는 조직에 결국의 해가 되는 지혜롭지 못한 사람이나 물이 없는 곳을 열심히 판다는 것과 또는 가는 방향과 다른 곳을 열심히 가며 자신의 충성심을 몰라준다고 투정하는 것을 보면, 간혹은 나의 뜻을 몰라줌에 내 자신이 답답하고 상대가 불쌍함을 느껴지는 경우도 있다.

인간의 인연에 따르는 목마름! 갈증!

인생에도 좋은 동반자를 만나면 그 인생이 행복해 지고 친구도 가슴이 통 할 수 있는 친구가 있으면 내 삶에 큰 의미가 있고 연인도 내 가슴을 이해하고 나를 격려를 해줄 수 있는 연인이라면 삶의 큰 행복일 것이다. 가정에서도 무엇인가가 모자라서 헤매고 있고 사업에서도 진정한 부하를 만나지 못해 끝없는 갈증을 느낄 때는 내 역량의 부족인가 하는 의문에 도달한다.

가정의 행복도 정말로 중요하다.

사업의 발전과 만족도 꼭 필요하다.

이것을 해결해 줄 수 있는 것은 사람이 아닐까?

나는 오늘도 그 사람을 찾고 그 인연이 나에게 오기를 항시 기다리며 산다. 이런 생각에 젖어 있음은 더 가지려는 욕심이나 더 큰 것을 이루려는 나만의 욕심의 표현이 아닌가 하는 생각을 해본다. 분명 인생은 어떠한 성공만이 절대적인 행복은 아닐 것이다. 성공보다도 중요한 것이 우리의 인생에는 많다고 본다. 우리는 우리 각자의 삶의 목적이나 목표는 다르다.

성직자에게는 더 큰 정신적인 성취나 더 많은 신도와 더 큰 절이나 교회 그리고 거창한 직분이 성공일 수도 있고 사업을 하는 사람은 더 큰 이익을 원하고 공부하는 학생은 더 좋은 점수를 성공으로 알고 농부나 어부도 더 많은 수확을 원할 것이고 작가는 더 많은 독자가 좋아할 글을 쓰기 위해 노력을 하고 정치인은 더 많은 유권자가 자신의 지지자이기를 바라고 그 길을 갈 것이다.

사랑을 하는 연인이라면 뜨거운 사랑이 식지 않고 오래오래 가기를 바랄 것이다. 나도 나의 건강과 어떤 일을 하자는 의지와 신념이 오래 가기를 원한다. 인간으로서 시간적인 한계와 의지와 신념의 한계가 있음을 알기에 더 많은 시간이 가 어떤 사람의 인연이 나에게 다가오더라도 그것을 받아 서로가 상생의 원칙으로 좋은 결과를 위해 나갈 수 없는 늦은 시기에 온다면 서러워 질까봐 간혹은 조급한 생각이 든다.

인생은 영원한 것인 아니지 않은가!

진정한 연인도 같이 손잡고 여행도 하며 간혹은 키스도 하며 행복을 같이 공유할 때가 필요한 것이지 걷지도 말하지도 바른 의식도 없을 때 올 수도 없지만, 또 한 와 보았자 무엇을 하랴!

아까운 시간이 더 가기 전에 나에게 그런 인연이 올 수 있을까!

오늘도 그런 인연의 사람을 찾는다.

사람이 필요하다.

그렇게 새벽의 시간이 흐른다

눈을 떴다.

새벽 3시가 좀 넘은 시간이다. 도로 잠을 청할까 하다 쉽게 잠이 올 것 같지 않을 것 같은 느낌이 들었다. 머리가 복잡하고 왠지 잠이 오지 않을 것 같을 때는 억지로 뒤척이며 자려고 노력하는 것 보다 무엇인가를 하는 것이 나을 것 같기에 잠자는 와이프를 깨우기 싫어 조용히 자리에서 일어나 서재로 왔다.

창밖으로 보이는 도시가 조용히 잠들어 있는 것 같다. 도시의 조용한 불빛 사이에 부지런히 움직이는 불빛도 보인다. 잠들어 있는 사람도 많지만, 그래도 깨어서, 아니 어느 못다 한 일을 하는 사람들도 많은가 보다.

스탠드 불을 켜고 컴퓨터를 켠다. 머리가 가볍게 무거운 것 같다. 의자에 깊게 앉아 머리를 기대고 잠시 눈을 감아 본다.

눈을 떠 본다. 그리고 책상 위에 걸린 내가 좋아하는 그림을 본다. 넓은 바다를 항해하는 범선의 그림이다. 깊은 바다를 바람의 힘으로 항해하는, 우리 인간이 운명이란 바다는 시간과 인연의 결합 속에 각자의 바다를 항해하듯, 이 범선도 바람 따라 전진하고 있는 그림이다.

한참을 바라본다. 치는 파도를 헤치고 바람을 맞으며 운명이라는 바다를 가는 저 배, 언제 어느 곳에 닻을 내릴지는 모르지만, 바람을 맞으며 넓은 바다를 가는 것이 배의 운명이리라.

깊은 밤, 그림 속의 배와 그 속에 있는 나를 그려본다.

가슴을 열고 깊은 호흡을 하며 앞으로 어떤 모험이 기다리는지 궁금해 하는 선장의 눈과 마음으로, 다시 설레는 가슴 깊은 곳에 잔잔하게 일기 시작하는 마음의 파도를 느끼며, 배가 되고 선장이 되어 그 바다 미끄러지듯 가는 마음되어 그림 속 바다를 한없이 바라본다.

그렇게 새벽의 시간 흐른다.

한가로운 날

농장에서의 한가로운 한 때이다. 세상사 누구나 적당한 문제를 갖고 사는 게 아닌가 싶다. 나는 어렵고 힘든 일이 있더라도 일단은 농장에 들어오면 되도록 골치 아픈 문제는 미루고 한가롭고 여유롭게 지내고자 한다. 나 혼자 생각하고 편하게 나의 지인들과의 시간을 위해 되도록 집사람은 농장에 안 오게 한다.

오늘도 한가로운 시간을 보내고 있다. 나는 나의 일생을 3단계로 구분하여 살고 있다.

- 1단계: 60살까지, 오늘의 나를 있게 교육받고 경험하고 나를 다듬고 나를 만들었던 시간.
- 2단계: 60살 이후, 모든 경험과 그동안 쌓은 나름의 삶의 노하우를 나와 내 주위를 위해 실천하고 좀 더 많은 것을 남에게 줄 수 있도록 나를 만들고 실천하는 시간.
- 3단계: 100살 이후, 머리 깎고 중이 된다. 죽을 때까지 인생과 운명, 그 흐름은 자연을 자애로운 눈빛으로 보고 주위에 그 눈빛을 줄 수 있는 삶의 정리단계의 시간.

생각과 계획은 이렇게 했지만, 아직도 난 주변의 문제에 웃고 울며, 괴로워하고 즐거워하며, 글자 그대로 아직은 적은 인물로 하루하루를 보내고 있다.

혹자는 그런다.

"어떻게 100년 이상을 살려 하는가?"

"내가 어렸던 50년 전에는 60세도 동네에서 대단한 연장자로 행세했다."고 나는 답한다.

지금은 내 주위 분들 80세가 넘어도 대단한 것이 아니기에 앞으로 3~40년만 흐르면 누구나 100살은 넘게 산다고 본다. 길게 보고 계획을 해야지, 짧은 식견과 안목으로는 어렵다 본다.

아직은 많은 시간이 있기에 주위에 많은 사람과 좋은 인연으로 그들의 힘을 받고, 그들과 더불어 좋은 시간 오래오래 보낼 계획을 구상해 본다.

나쁜 인간들!
신이 너희들을 혼낼 것이다! 꼭히!

농장에서 관리인이 연락이 왔다. 농장에서 키우는 나의 귀염둥이 강아지 4형제 중 3마리나 죽었단다. 옆에서 농사를 짓는 사람이 개들이 귀찮게 자신들이 공들여 심어 놓은 농작물을 간혹 와 밟고 간다고 불만을 했는데, 아마 약을 놓은 것 같다고 한다.

그러나 가서 물어보니 약을 자기들은 놓지 않았다 하는데, 틀림없이 약을 놓아 개들을 죽였는데 물증은 없다 한다. 나의 옆에 알배기처럼 박혀 있으면서 간혹 그들이 인간 이하의 비상식적인 행동과 처신을 하기에 나는 그동안 전혀 접촉하지 않고 살고 있다. 왜 그런지 모르지만 삐뚤어진 마음을 갖고 간혹 찾아오는 손님에게도 실수하지만, 몇 번 혼내줄까 하다 괜히 큰소리 나면은 좋은 일 하나 없을 것 같은 상대들이기에 참고 살았었다.

그들이 없었던 때에는 아무 이상 없이 잘 크던 강아지들이, 농사철이 되어 농사한다고 그 이웃들이 온 지 며칠 만에 개들이 귀찮다고 공갈 비슷한 소리를 한 며칠 만에, 내가 그렇게 귀여워하며 농장에 들어가면 그들을 보는 재미에 시간을 보냈던, 앞으로 잘 키워 나의 애완물로 만들려던 그 어여쁜 강아지가 3마리나 한꺼번에 죽다니…….

전화를 받고 나니 가슴이 답답했다. 당장 쫓아가 법만 없다면, 그 부부를 개 패듯이 때려주고 싶다. 내 땅을 통과해야 그들의 땅에 들어갈 수 있는데, 길을 확 막으라고 할까. 어찌 인간 같지도 않은 그들을 혼낼까. 인간으로서는 도저히 참기 어려운 언행과 행동을 보이는 그들, 모든 것을 시기와 질투로 보고 간혹 엉뚱한 행동을 하는 그들이기에 상대도 하지 않고 사는데, 간혹 신이 아주 좋은 일만 있으면 자만에 빠질까 봐 나를 교육하듯이 옆에 그들을 놓아두었나? 스스로 생각도 해 봤다.

나는 그동안 그들이 가진 땅을 몇 번 사려 했으나, 판다, 안 판다, 얼마 아니면 못 판다, 하기에 살 마음도 바꾸고 길도 다른 곳에 내고 그들을 보지도 않고 살려 했는데, 약을 놓아 내가 사랑하는 강아지를 이틀 만에 3마리나 죽이다니, 분노가 끓어오른다.

관리인에게도 화가 난다. 강아지 한 마리가 죽었으면 어떤 조치를 해야 하는데, 강아지가 이상하게 죽었는데도, 옆에서 어떤 소리를 했는데도 그냥 그대로 놓아두어 불쌍한 그 귀여운 강아지를 3마리나 죽게 하다니, 너무 가슴이 아프다.

그 귀여운 강아지 3마리를 죽게 한 못된 자에게 나는 엄중히 경고한다.

"보아라, 너희의 앞날을……."
"나쁜 인간들, 신이 너희를 혼낼 것이다. 반드시!"

땀을 비오듯 흘리다

비가 20여 일 꾸준히 왔기에 산길을 따라 만든 부처님 모신 곳을 갈 수가 없었는데, 찾아온 손님이 있었기에 같이 갔다. 연일 쏟아지는 비 때문에 몇 군데 망가진 곳은 많았으나, 다행히 크게 망가진 곳은 없었다. 안도의 한숨을 쉬고 주변을 살펴보고 앞으로 손쓸 부분을 그려본다.

이십여 일 만에 한 바퀴 돌아보는 산길, 수십 미터가 쑥과 칡넝쿨이 얽혀서 길을 만들기 위해 앞장서서 벌목을 도와 서양식 낫으로 헤치면서 손님들을 따라오게 했다. 전진 전진하여 겨우 강가에 도착했다. 온몸이 흐르는 땀으로 젖어 짜면 물이 흐를 정도로 완전히 푹 젖었다.

 '물로 뛰어들까?' 생각했으나 아래의 복장이 너무 무거워 수건도 없는데, 그냥 참기로 했다. 그래서 윗옷을 벗고 셔츠 입은 채로 걸었다.

 강가를 따라 불어오는 바람이 시원했다. 많은 바람은 아니었지만 땀에 젖은 몸을 식혀주는 바람의 고마움을 새삼 느꼈다.

 새롭게 만든 길을 따라 농장으로 올라가 보았다. 산길이란 많은 비가 오면, 곳곳이 망가지고 풀들이 자라 가을에 새롭게 작업을 하지 않으면 길을 쓸 수가 없다. 어떻게 작업을 해야 이 길을 살릴 수 있을까? 생각하며 전체적인 모습을 구상하고 머리로 그려보며 천천히 걸어보았다.

 불과 한 달 정도에 길을 알아볼 수도 없이 변해 모르는 사람은 길을 찾아갈 수도 없게 풀들과 각종 넝쿨이 어우러져서 3~4미터의 정글을 이루고 있어, 그 길을 통과하기가 어렵게 되어있었다. 잠깐의 방치가 보통의 의지로는 갈 수 없는 장애물을 만들어 놓은 것이다.

사람도 어떤 부분을 소홀히 내버려두면, 나중에는 도저히 어찌할 수 없는 장애물이 생길 수가 있을 것이다.

혹시, 나도 어떤 인간관계나 사업적으로 나도 모르게 내버려두는 부분이 있어 나중에 길을 막는 걸림돌이 될 부분은 없나 돌아봐야겠다는 교훈을 얻었다.

앞으로는 큰 걸림돌이 되기 전에 모든 일을 점검도 해 봐야겠다.

미운 여인 같은 여름을 보내며

세월은 흐른다.

가슴속에 청춘이 갈까 말까 망설이기에 겉은 무엇인가가 늙어 가건만, 가슴속의 정열과 열정의 잔재는 겉보기에는 꺼진 것 같지만, 속은 빠알갛게 살아 있다. 그것은 옛날 화로의 불처럼 그 무엇에 대한 열정과 그 불꽃은 가슴에 고스란히 남아 있다.

사람이 경우에 따라서는 자연보다 강한 것 같다. 다들 자연은 위대하다. 하지만 그에 못지않게 사람도 위대하다. 이 조그마한 땅덩어리를 여름 내내 비로 덧칠하다시피 내리던 그 지긋지긋했던 비의 여름도 어느 시점 어느 선을 넘으니 아침저녁으로는 가을의 맛을 강하게 느낄 수 있는 날들이다.

그렇게 못되게 굴다 갈 바에는 인심이나 쓰다 가지, 여름을 준비했던 바닷가에 돈 벌 준비로 마음 설레며 준비하고 있던 바닷가의 상인 가슴을 태워버리고, 다른 한 편으로는 열심히 고추 심고 채소 심어 입가에 웃음 띠려 했건만, 많은 사람의 얼굴에 눈물을 흘리게 하고, 여름은 간다.

우리는 자연의 자비를 바래서는 안 된다.

　산에서 간혹 내려와 농작물과 심지어는 사람까지도 들이받고, 물고 다니는 멧돼지들처럼, 영리하게 피하지 않으면, 미리 대비하지 않으면 올여름의 멧돼지 같은 여름은 내년에 또 올 것이다.
　편했던 반바지 차림도 좀 가벼운 복장처럼 느껴짐은, 단 몇 도의 온도에 민감해지는 인간의 간사한 아니 예리한 마음이란 말인가? 뜨거운 사고 가슴에 넣고 있어 언제까지나 여름의 나인 줄 알았건만, 가는 여름처럼 간혹 나의 불타는 여름도 이 여름처럼 가는 것을 느낌은 왜일까?
　나 싫다고 가는 여인처럼 때가 되면 가는 여름이다.
　별 인간적인 깊이도 매력도 없었던 바보 같은 마음의, 가는 것이 반가운 것 같은 여인과의 이별처럼 빨리 보내고, 나를 기다리고 있는 뒤에 오는 매력의 여인 가을하고는 깊은 정, 깊게 나눌 엉큼한 마음에 가슴 설레며, 그리고 가는 그녀의 뒷모습에 미운 정들어, 그래도 '잘 가라. 여름!' 하고 손을 흔든다.

같이 술 한잔 할 분 오시라

오늘은 토요일.

음성에서 도를 닦는 도사 친구와 거래처 부부를 만나기로 해 농장에 간다. 농장에서 7월의 마지막 밤을 지인들과 한 잔 술을 같이 한다. 내일을 구상하고, 내일을 위한 여러 가지를 논할 수 있는 사람들과의 대화. 이 또한 꼭 필요하다. 앞으로 마음과 힘을 주고받을 수 있는 많은 분과의 인연이 더 많아야 하는데, 술을 적게 마시고 마음을 나눌 수 있는 대화에는 전통 차가 제격 같다. 그러나 내가 아직은 차의 자리보다 술의 자리를 좋아하니, 기분에 사는 것보다 풍류에 사는 것이 더 좋을 듯싶기도 하다.

사람과 만남의 자리에서 술이 주는 그 분위기를 좋아하다 보니, 내 주위에는 술자리가 떠날 날이 없다. 마음이 통할 수 있는 사람과 웃어가며 잔을 높이 들고 모두를 위해 건배를 할 수 있다는 것은 삶의 즐거움이자, 인생의 축복이다. 오늘 손님들과 격의 없이 허심탄회한 대화를 하면서 즐겁게 웃으며 그들과의 미래를 이야기해야 할 것 같다.

사람과 사람의 인연이 별거랴! 기쁜 마음으로 즐겁게 만나 같은 시대에 태어나 같이 숨을 쉬고, 이 우주의 자유를 만끽하는 삶을 보내며 이 인연을 감사하며 마시는 술 또한 맛있고 좋은 것이 아니랴.

나는 바란다.

인간과의 진실한 대화가 필요하고, 마음의 평화가 필요하고, 편한 마음으로 자연 속에서 깊어가는 여름의 밤을 웃어가며 술을 마신다고 생각하니, 이런 기쁨과 즐거움은 아무나 누리지 못하는 나만의 호사가 아닌가!

오늘 밤 뻐꾸기 소리를 안주 삼아 농장의 고요한 밤을 즐길까 한다.

부록 단편소설

안녕! 내 사랑아!

바람이 정말 싱그럽다.

여름으로 접어드는 산천에는 여러 가지 초록색으로 단장된 자연의 모습과 큰 길 가에는 흰색의 여름 꽃들의 모습이 보이면서 푸르른 하늘을 배경으로 나무들이 바람에 흔들리는 모습이 눈에 들어온다.

조수석에 놓은 그녀의 흔적인 재가 네모난 그릇에 담겨 보자기에 싸여있는 것을 본다.

이 며칠 나의 인생에서 가장 지루하게 술에 취한 듯 꿈을 꾸듯이 보낸 아직도 실감이 가지 않는 시간의 연속이다.

되도록 차를 천천히 몬다.

뒤에서 오는 차들이 빨리 가라고 "빵빵!" 클랙션을 울려 대지만 그들이 요령껏 추월해 지나가게 신경을 쓰지 않았다.

예전에 그녀와 같이 갔던 이 길을 천천히 그녀의 영혼이 즐길 수 있도록 간다. 너무 꿈같은 현실적인 감각이 없는 꿈속에 있는 기분이었다.

정말로 아름다웠던 그녀였다.

그녀가 가진 생각과 나에 대한 사랑의 댓가는 백년 아니 천년을 두고 갚아도 갚을 수 없는 커다란……. 그것은 행운이 있는 남자만이 누릴 수 있는 행복이었다.

내가 그녀를 만난 것은 나의 인생에서 가장 비참함을 느끼고 있었던 괴롭고 암울했던 하루에 몇 번씩 사나이로서 명예롭게 자살을 할까를 생각을 했던 시간 속에서 지옥의 저편에서 나를 구원하러 온 천사의 모습으로 나에게 왔다. 나는 지방의 대학을 졸업하고 어떻게 어럽게 제약회사에 입사하여 영업직으로 근무했다.

사람을 좋아하고 같이 어울려 노는 것을 즐기는 나에게 적성에 맞아서였던지, 다른 직원과 차이가 나는 영업의 실적을 올렸기에 회사에서 두각을 나타냈었고 승진도 빨랐다. 친구의 소개로 만났던 성격도 좋고 상냥한 마음도 가진 여자와 결혼도 했고 아들 하나 딸 하나를 둔 가장으로써 가정의 일은 오로지 처에게 맡기고 밖의 일에만 신경을 쓰는 평범한 날을 보냈다.

제약회사 영업부의 특성상 병원 관계자와의 만남과 신약의 납품 관계에 따른 많은 전문의와의 거래 때문에 매일 술과 접대상 만나지는 여인들 속에서 주색으로 지새웠으며 집에는 일주일에 한 번 들어가기도 어려웠기에 내복이나 기타 필요한 부분을 주고받을 시는 직원에게 시켜서 처리했다.

한마디로 애들의 교육과 가정의 생활은 그래도 바르고 똑똑한 여인인 처에게 일임하고 술에 절어서 지치고 피곤할 시에 간혹 체력을 보강하려고 할 때만 집에 들어가 편하게 쉬었었다.

간혹 처에게 집은 쉬러 오는 휴게소냐? 하는 항의도 들었지마는 내가 하고 있는 일은 나만을 위한 일이 아니고 빨리 출세를 해 임원이 되고 많은 보수와 내일을 편하게 지낼 수 있는 위치에 오르면 그 덕도 처가 볼 수 있는 것이기에……. 별 신경도 쓰지 않았다. 군대에서 보면 대위의 부인은 대위였고 대령의 부인은 대령이었으며 장군의 부인은 장군이었다. 하기에 나의 노력은 바로 나의 와이프를 위한 일이다, 라는 생각이 있었기에 집을 등한시 했어도 별 신경을 쓰지 않았다.

그러나 언제부터인지……. 무엇인지 모르게 와이프가 나를 대하는 태도가 바뀜을 느낄 수가 있었다. 예전 같으면 그냥 웃고 넘어갔었던 일도 시비를 걸고 대들었으며 집에 들어가면 묘하게도 부딪칠 일도 만들어 놓고 싸움을 일으켰다. 그리고 그녀의 입에서 "우리 이제 지긋지긋하니 헤어집시다!" 하는 소리가 자연스럽게 나왔다.

싸움하고 언성을 높이고 서로 몸으로 부딪치는 일이 많아졌다.

묘한 흐름이 생긴 이상한 사이가 되어 갔다. 둘 사이는 큰 균열이 생겼다. 서로가 쳐다보는 것도 괴로워져 갔다. 모처럼 집으로 들어간 어느 날 애들이 각자의 방에 들어가 잠든 시간에 그녀는 서류를 앞에 놓고 기다렸다는 듯이 이혼을 이야기하잔다.

이상했다.

그녀의 성격상 그 누가 뒤에 없으면 이렇게 집요하게 자유롭게 살게 해 달라, 이혼을 하자 할 정도로 자신의 인생에 자신 있게 나올 인물이 못됨을 알기에…….

작정을 하고 마주 앉았다.

"좋다! 네가 묘하게 자꾸 나에게 이혼을 요구하는 데 자존심상 이혼은 해 주겠다. 하나 궁금한 것이 있다. 너의 성격상 너에게 남자가 없으면 이혼을 요구할 정도의 강한 여자가 못 된다, 솔직히 이야기해다오. 남자가 있고 없음과 그 남자가 누구인지를 이야기하면 네가 요구하는 조건을 다 수용하고 너와 이혼하겠다."

그러자 그녀는 나를 빤히 오랫동안 바라본다. 무엇인가를 골똘히 생각을 한다. 내가 말했다. "내가 한 말은 책임지는 사나이가 나다. 네가 나의 마누라로서 이렇게 이혼을 자꾸 이야기한다는 것은 너도 무엇인가 충분히 준비하고 있을 터, 확실하게 진실을 이야기하면 절대 폭력도 쓰지 않고 너의 요구를 치사해서라도 들어주마!"

그녀 말한다.

"진실을 이야기하면 화내지 않고 이혼해 주겠어요?"

"그렇다!"

그녀 나의 눈을 보고 정색을 하고 말한다.

"남자는 있고 그 남자와는 서로 진실로 사랑하며 같이 살기로 했고……. 실은 그 남자가 박 순도…… 씨입니다."

갑자기 눈이 핑 돈다. 앞이 깜깜해지면서 무엇인가가 환한 것이 휙! 지나간다.

"아!" 하면서 눈으로 천장을 보았다.

거실의 큰 샹드리에의 불빛이 눈을 부시게 한다. 놀라면서 슬픔이 깨우침과 같이 온다.

몇 년을 나의 충실한 부하 직원으로 근무하면서 나의 오른팔 노릇을 너무 잘했기에 동생처럼 사랑했고 모든 편의를 보아주었고 나를 잘 따랐기에 나의 가정일의 모든 심부름도 형제처럼 해주었던 박 대리…….

몇 년전 부인과 이혼을 하고 외롭게 지내 술 한 잔을 하면서 간혹 허전하다는 말도 했던 박 대리가 몇 달 전 큰 이유도 없이 퇴사를 하기에 말렸으나 만류를 듣지 않고 퇴사를 했던 박 대리가 나의 처의 남자라니…….

나의 여러 가지 업무의 특성으로 나의 집을 자신의 집처럼 들락거렸던 그 박 대리…….

크나 큰 배신감이 쓰나미처럼 가슴에 몰려왔다.

'이런 잡년 놈이 있나?' 하는 생각과 '이 둘을 그냥 죽여 버릴까?' 하는 생각이 분노와 같이 들어 어쩔 수 없는 마음의 혼돈을 불러 일으킨다.

많은 생각을 했고 너무 큰 배신감에 치를 떨었고 자신의 못남에 한탄을 했다. 절대 인간 같은 모습이 없는, 인간쓰레기보다 못한 추한 마음의 여인과는 절대 살고 싶지 않았다. 너무 큰 충격이기에 처를 바로 내보내고 속히 이혼 소속을 진행하기로 했고 자식들은 가까이 사는 여동생에게 제발 묻지 말고 부탁한다고 했다. 눈이 둥그래서 놀라는 동생에게는 나중에 이야기했다.

"어떻게 인간의 탈을 쓰고 그런 개 같은 행동을 하느냐?" 하며 펄펄 뛰는 여동생에게는 "제발 조용히 나를 봐서 넘기라."고 설득을 했다. 많은 괴로움과 마음의 상처, 고통이 동반되는 아픔으로 인해 회사를 한 달을 쉬었다. 고통과 괴로움 속에 허다한 날들을 술에 빠져 지냈고, 들로 산으로 바다로 미친 듯이 다니며 배신의 분노를 삭였다.

그 누구에게도 알릴 수 없는 고통이었다. 밤이면 상처 입은 맹수의 고통소리 같은 신음이 방안에 가득히 퍼졌었다.

 오랜 세월 고통의 상처를 달래고 싶었지마는 회사에서는 영업부의 수장이 한 달 이상 업무를 놓는다는 것은 유능한 인물이 할 일도 아니며 계속되면 회사를 말아먹는 일이다 하며 끊임없이 출근을 요구해 남자로서 맡은 바 일은 개인의 고통과 괴로움과는 다르기에 마음의 큰 아픔도 속으로 삼키며 상처를 감추고 출근을 했다.

 왠지 직접 이야기는 하지 않았지만, 나의 어떤 분위기가 심상치 않음을 회사의 사장과 중역 그리고 부서원들이 알고 있는 것 같았다. 그들은 마음속으로 무엇인가 알고 있으며 나를 보이지 않게 위로하려고 노력을 해주었다. 나는 그들에게 아무 말도 안 했고 그저 업무적인 것을 속으로 괴로워도 겉으로는 전과 같은 웃는 모습으로 처리했다.

 그렇게 몇 달을 보낸 뒤에 부서원들의 회식이 있었다.

 회식자리에서 묘한 눈빛을 보이며 직원들이 나에게 술잔을 돌리며 "부장님! 힘내세요! 화이팅!" 한다.

 여러 잔의 술을 받아 마셨다. 상처받지 않은 척 농담도 많이 했다.

 하나 술에 취할수록 마음은 상처로 슬퍼지고 괴로워지는 마음은 어떻게 할 수 없었다. 눈물이 절로 나오고 분한 마음이 든다.

 직원들에게 이런 모습을 들키기 싫어 "직원 여러분 내가 술이 취해 먼저 가니 다들 잘 놀다 가세요!" 하며 어떻게 처신 못해 쩔쩔매는 직원들의 모습을 뒤로하고 흐르는 눈물을 주체할 수 없어 그 자리를 떠났다. 그리고 밤 도시의 가로수 길을, 분노와 상처의 아픔으로 터져 나오는 슬픔을 주체하지 못한 채 울면서 걸었다.

그때는 너무 슬펐었다. 그리고 그런 모습의 자신에 창피했었다.

한참을 슬픔과 취기 그리고 울면서 걸었기에 가쁜 숨을 헐떡이며 길가의 나무에 팔을 걸치고 조용히 울었다.

그때, "부장님, 울지 마세요.!"하는 어떤 여자의 소리가 들리고 그녀도 나와 함께 눈에 눈물이 범벅된 모습으로 옆에서 나를 끌어안고 운다.

깜짝 놀라 바라보았다.

같은 부서의 전산처리 담당인 연재라는 아가씨였다.

"처음부터 따라왔어요. 저 부장님 슬퍼하며 우는 모습 못 보겠어요. 부장님!"하며 나보다 더 큰 소리로 서럽게 운다.

행인이 많지 않은 밤 시간의 도심지였다. 도시의 밤 가로수 밑에서 빛나는 서울의 불빛과 하늘의 별빛 아래서 서로 한참을 끌어안고 울었다. 서로 안고 십분 가까이 울고 나니 무엇인가 시원했고 치욕으로 더럽혀진 가슴이 펑 뚫리는 것 같았다.

왠지 기뻤다.

전혀 가슴에 두지 않았던 큰 인물이 어떤 환함의 빛이 밀려옴을 느낄 수 있었다. 자연스럽게 팔짱을 꼈다. 밤의 도심을 천천히 걸으며 이야기했다. 나의 가정적인 이야기는 누군가의 제보로 회사에서 다 알고 있단다. 많은 사람이 불도저처럼 일만 알았던 나에게 일어난 슬픔 상황을 동정한단다.

세상에 박 대리 같이 직속 상사의 아내와 놀아나는 나쁜 인간과 같이 근무했음을 수치로 알고 혼내지 못함에 젊은 직원들은 치를 떤단다. 그리고 내가 너무 슬퍼하고 자존심 상해 할 것 같아서 다들 쉬쉬하고 상처를 받지 않게 하려고 노력을 했단다.

"어떻게 나를 따라오게 되었나?" 묻자,

이년 전에 명백한 자신의 실수로 문책을 받을 상황에 내가 "어때, 착오에서 온 실수인데……. 내가 문제없이 막아 뒤탈 없이 처리할게. 걱정 하지 마!"하며 실수를 부드러운 웃음으로 웃어 주었을 때…….

그 감동 오랫동안 감사했고 나는 그를 의식을 하지 않고 지냈지마는 그녀는 자기가 좋아하는 '바람과 함께 사라지다'에 나오는 렛트 선장 같은 강인한 모습과 찰슨 부른슨을 닮은 믿음직한 모습의 나를 좋아했기에 자주 나를 바라보았었단다.

이번 나의 이야기를 듣고 며칠 가슴이 아파 잠을 못 이루었단다.

좀 전에 식당에서 눈물을 흘리고 나가는 나를 도저히 그냥 두고 볼 수가 없었단다. 울고 가는 나의 뒤를 따라오면서 나의 슬픔에 동감하여 자신도 슬퍼 계속 울면서 따라왔단다.

가슴이 뭉클해져 걸음을 멈추고 그녀를 안았다. 그녀 부드럽게 나의 가슴에 안긴다. 그녀의 몸에서 싱그럽고 아늑하고 말로 표현하기 어려운 좋은 내음이 난다. 그녀의 입술을 찾았다. 부드럽고 상큼하고 촉촉한 듯한 그녀의 입술이 온다. 나의 깊은 괴로운 상처가 치료되는 듯한 기적적인 마음의 약이 가슴에 진하게 스며들어 전율로 되어 흐른다.

그녀 나에게 말한다. "앞으로 절대 고통에 젖어 혼자 울게 하진 않을 거예요!"

그녀는 나에게 기적을 갖다 주었다.

가슴이 끓던 분노의 마음은 봄눈 녹듯 없어지고 기쁨의 시간이 나에게 왔다. 하나의 인간이 한 사람을 얼마나 적나라하게 바꿀 수 있음을 그녀가 보여 주었다. 애들이 둘 딸린 유부남으로서 크게 잘난 것도 가진 것도 없는 나를 그녀의 식구들은 상대가 판사냐? 검사냐? 돈 많은 재벌이냐? 등 세속적인 말로 반대를 했으나 이 사람을 진정으로 사랑하기에 어떤 어려움이나 고통도 인내로 넘기며 행복하게 살 것이다, 하는 강한 마음의그녀를 부모들도 할 수 없이 인정을 해주어서 나는 그녀와 결혼을 했다.

나에게는 선녀보다도 몇 백 배 좋은 여자였다.

날씬한 몸매에 부드럽고 착한 모습을 갖춘 아름다운 여인.

교양도 많이 갖춘 여자로서 같이 있는 것으로도 즐거웠다. 그녀는 집에서는 누구보다 친절한 행동으로 나를 왕처럼 모셨다. 발도 매일 닦아 주었고 안마하는 법도 인터넷을 통해 배워 피곤하다 하면 안마도 해주었고, 때로는 요부처럼 끈끈하며 진하게 다가왔었고 열정적으로 몸을 바친 사랑을 주었었다.

그녀와 같이 있으면 시간 가는 것도 모를 정도였으며 매일 업무가 끝나면 빨리 집에 가 그녀를 보고 싶은 마음에 모임도 술도 많이 줄였었다.

15년이라는 세월이 그냥 꿈처럼 흘렀다.

아들도 하나 낳았다.

그 많은 세월이 갔어도 언제나 그녀는 나에게 상큼했으며 그녀를 생각하는 것만으로도 항시 즐거웠다.

그녀는 나의 삶의 보람이었으며 즐거운 인생, 사랑이었다.

어느 날, 그녀에게 근사하고 멋진 저녁을 사주고 싶었다.

그녀에게 대방동 부근 어떤 식당이 있는데……

자기에게 맛있는 것 사주고 싶으니 멋지게 차려입고 빨리 나오라 하니 아주 기뻐하며 30분만 입구에서 기다리시면 택시로 온단다. 기쁜 마음으로 식당의 입구에 서서 그녀가 오기만 기다리고 있었다. 식당은 이 지역에서 유명한 식당으로 큰길에서 중앙선이 없는 도로를 끼고 주차장이 있었다. 어느 정도 시간이 지나자 그녀가 타고 온 듯한 택시가 건너편에서 멈춘다. 날씬한 그녀의 멋진 모습이 보인다.

큰소리로 그녀를 불렀다. "연재야, 여기야!"

그녀 건너편에서 환하게 웃으며 손을 반갑게 흔들며 길을 건너온다. 그때다, 큰길에서 속도를 줄이지 않은 트럭이 그녀 쪽으로 돌진하는 모습이 보인다.

순간적으로 눈을 감았다.

귀에 '끽!' 하는 큰 소리와 '쿵!' 하는 소리가 동시에 들린다.

천천히 눈을 떴다. 왠지 하늘이 노란 것 같다.

모든 것이 좀 전의 색깔과 다른 느낌으로 다가온다.

서 있는 트럭이 보이고 트럭 몇 미터 앞에 쓰러진 여인의 모습이 보인다.

마음은 한숨에 달려가고 싶었지마는……. 몸이 흐느적거린다. 겨우 발걸음을 옮긴다. 사람들이 웅성거리고 모여든다. 겨우 쓰러져 있는 그녀 곁에 갔다. 아스팔트에 피를 흘리며 누워 있는 그녀가 보인다.

갑자기 피가 머리로 올라오는 느낌을 받으며 눈앞이 환해짐을 느낀다. "여… 연재!"하며 그녀를 부르며 나도 그녀의 옆에 의식을 잃고 쓰러졌다.

병원이다.

응급실인 것 같다. 의식이 서서히 들어온다.

"아, 정신이 드셨습니까!"하는 소리가 들린다. 가운을 입은 것을 보니 의사인가 보다.

"부인의 사고를 보시고 의식을 잃어 119로 이곳에 오셨습니다."

"우리, 와이프는?"

"돌아가셨습니다." 그 소리를 듣고 그 뒤의 시간은 어떻게 흘렀는지 기억이 없다.

가족들이 오고 장례식의 날이 며칠 흘렀지마는 시간이 물결치는 것 같고 눈앞에 모든 것이 흐르고 정확한 판단도 서지 않고 많은 사람들이 인사를 하고 갔어도 그들에게 인사도 못하고 그녀의 영정 앞에 그냥 멍하게 아무런 생각도 없이 초점 없는 눈으로 꽃 속에서 웃는 그녀의 모습만 보았다.

현실감이 없었다. 현실의 일이 아닌 것 같았다.

어린 시절 낮잠을 자고 일어나면 아침인가! 저녁인가를 몰라 한참 멍하게 있었던 것처럼……. 실감이 나지 않았다.

슬프지도 않았다.

단지 머리가 멍하게 멈추어지는 것 같다.

그녀를 화장장에서 육신을 태웠다.

그녀의 육신이 하얀 재로 변했다.

봉안당(납골당)에 모시자 한다.

나에게는 생각이 있었다.

나의 일부였던 나의 여인 그녀.

봉안당(납골당)에 놓기는 싫었다.

십여 년 전에 그녀와 결혼 전에 같이 갔던 경북의 바닷가, 가포 해수욕장, 바다에 있는 큰손의 모습도 보고 자갈이 많은 백사장도 걸었고 맛있게 먹었던 회와 앞으로 같이 살면 행복하게 살자고 맹세를 하며 백사장에서 했던 긴 입맞춤……. 얼마 전에 그녀가 말했었다.

"당신, 시간 나면 나하고 가포 바닷가에 가요!

우리 결혼 전에 그 느낌 맛보고 싶어요, 좋죠?"

그때 나도 "그래! 조만간 시간 나면 그곳에 가서 손잡고 걸으며 그때 나의 괴로움과 당신으로 얻은 기쁨도 같이 맛보고 싶어! 우리 가서 긴 뽀뽀도 옛처럼 해 보자구! 하하하."

했건마는 바쁜 그녀 먼저 가다니 그냥 미워도 진다.

바다의 바람이 차 안으로 들어온다.

그녀의 분골을 싼 노란색의 보자기 바람에 펄럭인다. 그녀의 모습이 그곳에 있는 것 같다.

그녀가 좋아했던 회와 소주 몇 병을 갖고 와 바닷가에 앉아 노란색의 보자기 옆에 놓았다.

바다를 보면서 소주를 천천히 마셨다.

옆에 없는 그녀가 간절히 생각난다.

그 부드러운 입술과 혀의 단맛 그녀의 몸의 잔털 하나하나까지 그리워진다.

수천만 번을 다시 태어나도 꼭 같이 살고 싶은 그녀……

눈물이 저절로 흐른다.

소주를 마신다.

그녀 몫의 회는 그냥 그대로 있다.

진한 슬픔이 파도처럼 가슴에 철썩인다.

그녀가 죽은 순간 나의 영혼도 죽은 것을 느낄 수 있다.

서서히 어둠이 찾아온다.

검푸른 파도가 끊임없이 밀려온다.

밤의 파도 소리 유난히 크게 들린다.

그녀의 하야안 재를 담은 사각의 상자를 보자기를 풀어 꺼냈다.

상자를 앞가슴에 안고 검은 파도치는 바다로 간다.

구두에 물이 들어온다.

걸어간다.

무릎까지 바닷물이 온다.

상자의 뚜껑을 열어 바람에 멀리 버린다.

손에 그녀의 재를 움켜쥔다.

뿌린다.

가슴 속으로 외친다.

"안녕히, 내 사랑아!"

주체할 수 없는 눈물이 얼굴을 흘러서 가슴의 저편까지 흐른다.

박부도김
바보의 후회

박부도김 지음

발행처 | 도서출판 국보
발행인 | 임수홍
편집 · 디자인 | 김영미
등   록 | 제 324-2006-0023호

2 쇄 2012년 8월 22일
발행 2012년 7월 10일

주소 | 서울시 강동구 길동 395-3 2층
전화 | 02-476-2757 / 476-7260
팩스 | 02-476-2759
이메일 | kbmh11@hanmail.net
홈페이지 | http://cafe.daum.net/lsh19577

값 12,000원
ISBN 978-89-93533-34-7 03800